中國學術思想

研究輯刊

三 五 編

林 慶 彰 主編

第 20 冊

《莊子》倫理學研究
——以多瑪斯倫理學為線索（下）

藍 啟 文 著

花木蘭文化事業有限公司

國家圖書館出版品預行編目資料

《莊子》倫理學研究——以多瑪斯倫理學為線索（下）／藍啟文
著 -- 初版 -- 新北市：花木蘭文化事業有限公司，2022〔民
111 〕
目 4+166 面；19×26 公分
（中國學術思想研究輯刊 三五編；第 20 冊）
ISBN 978-986-518-822-1（精裝）
1.CST：莊子 2.CST：學術思想 3.CST：倫理學
030.8　　　　　　　　　　　　　　　110022435

ISBN-978-986-518-822-1

9 789865 188221

中國學術思想研究輯刊
三五編　第二十冊　　　　　ISBN：978-986-518-822-1

《莊子》倫理學研究
——以多瑪斯倫理學為線索（下）

作　　者　藍啟文
主　　編　林慶彰
總 編 輯　杜潔祥
副總編輯　楊嘉樂
編輯主任　許郁翎
編　　輯　張雅淋、潘玟靜、劉子瑄　美術編輯　陳逸婷
出　　版　花木蘭文化事業有限公司
發 行 人　高小娟
聯絡地址　235 新北市中和區中安街七二號十三樓
　　　　　電話：02-2923-1455／傳真：02-2923-1452
網　　址　http://www.huamulan.tw 信箱 service@huamulans.com
印　　刷　普羅文化出版廣告事業
封面設計　劉開工作室
初　　版　2022 年 3 月
定　　價　三五編 23 冊（精裝）新台幣 62,000 元

《莊子》倫理學研究
——以多瑪斯倫理學為線索（下）

藍啟文　著

目

次

第二部　倫理的德行實踐

　　倫理的德行實踐，主要關涉到作為德行主體的靈魂機能之成就。因此，第二部最先討論的議題，就是關於德行實踐的主體部分。多瑪斯將德行區分為三種，第一種，「理智之德」。第二種，「倫理之德」。第三種，「超性之德」。其中的第一種和第二種屬於本性之德。〔註1〕理智之德可有「思辨理智之德」與「實踐理智之德」二項德行。思辨理智之德可有「智慧」、「科學」和「理解」（即「悟性」intellectus）三個鑑賞性德目。〔註2〕實踐理智之德可有「藝術」和「明智」二個實踐性德目。〔註3〕倫理之德可有「智德」、「義德」、「勇德」和「節德」四項倫理德行。〔註4〕

　　第二部所討論的範圍是倫理德行的智德、義德、勇德、節德四樞德。

　　由於，哲學倫理底下智德、義德、勇德、節德各節，皆有討論德行的普遍性與特殊性。關於普遍德行與特殊德行之區分先簡單給予說明。

〔註1〕《神學大全》第五冊，第五十七題，引言。

〔註2〕對於真理之探索，真理本身即可知者，乃由理解之習性獲得；靠別的真理而可知之真理，則要經過理性的探索，科學之習性獲得者是某類知識的終點，智慧之習性獲得者是全部知識的終點。參閱多瑪斯，《神學大全》第五冊，第五十七題，第二節，正解。

〔註3〕藝術是可做（工作）者（factibilium）之正理；明智是可為（行為）者（agibilium）之正理。《神學大全》第五冊，第五十七題，第四節，正解。

〔註4〕凡成全理性之善的德行，皆稱為智德，理智為其主體。凡在行為中成全正當與義務之善的德行，稱為義德，意志為其主體。凡使心神堅定而不受情慾動搖的德行，稱為勇德，憤情為其主體。凡抑制情慾的德行，稱為節德，欲情為其主體。參閱多瑪斯，《神學大全》第五冊，第六十一題，第三節，正解。

所謂德行，就是使擁有者善，也使擁有者所做的事善。〔註5〕則倫理德行的普遍性都包含四樞德在內。

因為德行的善是指質料和形式上的意義而言的。質料意義是指善的事物，形式意義則是指善的面向之下。〔註6〕

智德行為的習慣，是按照他們的對象區分類別。一個好習慣，一定是一個特殊德行。因為，習慣都有與之對應的特別對象。因為，一個對象被稱為特殊的、特別的，不僅依據其質料，更是依據其形式觀點來決定。〔註7〕

倫理德行其他的義德、勇德、節德，做為一種普遍德行，也是和智德相同，能使擁有者善同時使擁有者所做的事善。而且，不僅在質料意義；也是在形式意義而言的。所以，義德〔註8〕、勇德〔註9〕、節德〔註10〕，也都是一種普遍德行。

倫理德行其他的義德、勇德、節德，做為一種特殊德行，則是他們都有一種特殊本質（義德）或質料（勇德和節德）。所以，義德〔註11〕、勇德〔註12〕、節德〔註13〕，都是一種特殊德行。

〔註5〕《神學大全》第九冊，第四十七題，第四節，正解。
〔註6〕《神學大全》第五冊，第五十六題，第三節，正解。
〔註7〕《神學大全》第九冊，第四十七題，第五節，正解。
〔註8〕《神學大全》第九冊，第五十八題，第三節，正解。
〔註9〕《神學大全》第十一冊，第一二三題，第一節，正解。
〔註10〕《神學大全》第十一冊，第一四一題，第一節，正解。
〔註11〕《神學大全》第九冊，第五十八題，第六節，正解。
〔註12〕《神學大全》第十一冊，第一二三題，第二節，正解。
〔註13〕《神學大全》第十一冊，第一四一題，第二節，正解。

第六章　德行實踐的靈魂機能

　　本性德行方面，多瑪斯以靈魂理性慾望為義德主體；以靈魂理智為智德主體；以靈魂非理性部分的憤情和慾情為勇德和節德的主體。超性德行方面，多瑪斯以靈魂理性慾望為望德和愛德主體；以靈魂理智為信德主體。

第一節　道德主體

　　《莊子》工夫修養的道德主體是「氣」、「神」、「本生於精的形之惡情和好情」。

一、神蘊涵意志

　　本性德行方面，多瑪斯以靈魂理性慾望為義德主體。超性德行方面，多瑪斯以靈魂理性慾望為愛德主體。

　　筆者觀點，本性德行方面，《莊子》「神」蘊涵靈魂理性慾望，因此，「神」為義德主體。超性德行方面，《莊子》「神」蘊涵靈魂理性慾望，因此，「神」為愛德主體。但是，這個觀點必須論證才能成立。

　　　　庖丁為文惠君解牛，手之所觸，肩之所倚，足之所履，膝之所踦，砉然嚮然，奏刀騞然，莫不中音。合於桑林之舞，乃中經首之會。

　　　　文惠君曰：「譆，善哉！技蓋至此乎？」

　　　　庖丁釋刀對曰：「臣之所好者道也，進乎技矣。始臣之解牛之時，所見无非全牛者。三年之後，未嘗見全牛也。方今之時，臣以

神遇而不以目視，官知止而神欲行。依乎天理，批大郤，導大窾，因其固然。技經肯綮之未嘗，而況大軱乎！良庖歲更刀，割也；族庖月更刀，折也。今臣之刀十九年矣，所解數千牛矣，而刀刃若新發於硎。彼節者有閒，而刀刃者无厚；以无厚入有閒，恢恢乎其於遊刃必有餘地矣，是以十九年而刀刃若新發於硎。雖然，每至於族，吾見其難為，怵然為戒，視為止，行為遲。動刀甚微，謋然已解，如土委地。提刀而立，為之四顧，為之躊躇滿志，善刀而藏之。」

文惠君曰：「善哉！吾聞庖丁之言，得養生焉。」（〈養生主〉）

「庖丁為文惠君解牛」至「技蓋至此乎」，陸西星云：「昔者庖丁為梁惠王解牛，觀其手之所觸，肩之所倚，足之所履，膝之所踦，動止周旋，皆有成度；又奏刀之聲，砉然嚮然，皆中音律。桑林、經首，古樂名。庖丁解牛，其技如此，可謂精矣，故惠王嘻而善之。嘻，嘆辭也」。〔註1〕庖丁為梁惠王解牛，以手推之，以身就之，以足踏之，以膝壓之。「砉然嚮然」，用刀皮骨相離聲。「奏刀騞然」，進刀破物聲。「莫不中音」，節拍適中。「合於桑林之舞」，觸肩足膝之動作，合於湯樂節奏之節。「乃中經首之會」，砉然騞然之聲音，中於咸池樂章之拍。文惠君讚嘆！解牛之技何能至此？

「庖丁釋刀對曰」至「善刀而藏之」，陳碧虛云：「庖丁素學養生之道，假技以進耳。始則見牛不見理，後乃見理不見牛，以神遇不目視，治內者，遺外也。官知止，神欲行，視聽不以耳目也。依乎天理，自然冥會，批郤導窾，遊刃於虛，未嘗經肯綮之礙，況大軱乎！是以十九年而刃若新發硎也。動刀甚微，謋然已解，牛不知其死也。夫解牛者，觀其空郤之處，遊刃舞蹈，以全妙技。養生者，豈不能避患深隱，保形不虧，以全天真乎」。〔註2〕

庖丁放下屠刀答覆文惠君，臣所鍾愛者是道而不是技藝。起初解牛所見只是一牛，三年之後所見就未嘗是全牛。直到今天，「臣以神遇，而不以目視，官知止而神欲行」，「神遇」與「神欲」義同；「不以目視」與「官知止」義同，「依乎天理，批大郤，導大窾，因其固然」，捨感性就理性，而理性之內在需求，即合乎內在之自然天理。「大郤」，骨肉交會之處。「大窾」，空處。「批」，避開。「導」，引入。

劉鳳苞解釋「因其固然」之義，「因」字極妙，蓋「大郤大窾」即是「督」；

〔註1〕陸西星，《莊子副墨》，頁37。
〔註2〕褚伯秀，《南華真經義海纂微》，頁119。

「批之導之」即是「緣」。〔註3〕

　　釋「技經肯綮之未嘗，而況大軱乎」，循劉氏之義，「經」乃「緣督以為經」（〈養生主〉）之「經」，寓道於技之「經」，骨肉連結不解處，吾刀「批之導之」未嘗「割」，而況「折」大骨。宣穎云：「肯，著骨肉。綮，結處。大軱，大骨」。〔註4〕

　　良庖歲易一刀，割「肯綮」而鈍；族庖月易一刀，折「大軱」而毀。今臣之刀十九年了，解牛數千，而刀之鋒芒猶若剛從砥石新磨出來。硎，砥石。那些「肯綮」骨肉結處者「有閒」，即留有空間，而刀之鋒者「无厚」，即鋒芒薄利；以薄利之鋒芒入彼結之空間，「恢恢乎」，形容寬敞。薄刃於彼結者寬敞之空間一定還有往來迴旋的剩餘地方。雖然，每至筋骨聚集盤結之處，吾見其難以「批導」，懼怕而為警惕，凝目注視，輕輕「批導」，微微試刃，「謋然已解」，骨肉分解的聲音，「如土委地」，骨肉散落一地有如崩土委地一般。

　　釋「善刀而藏之」，此處之「善」，諸注疏家皆作動詞，擦拭摩蕩之意，譬如陸西星、劉鳳苞等。但是，「擦拭摩蕩後置入櫃中」，這個動作頗尋常，似乎是一般程序；庖丁能作，良庖和族庖亦皆能作。而且，善刀而「藏之」和擦拭摩蕩而「置入櫃中」，對刀的重視，也有相當差距。因此，「善刀」解釋為名詞會比較好，指「謋然已解」，而見「刀刃若新發於硎」之「善」，則與「藏之」前後對等，故曰「善刀而藏之」。因此，庖丁「提刀而立」，因「刀」之「善」，而「為之四顧」，「為之躊躇滿志」。所以，文惠君說：「善」啊！我聽庖丁這番話，明白「養生」之道了。

　　「庖丁解牛」所用之「刀」，已經使用十九年，解牛數千隻，而「刀刃若新發於硎」。庖丁的「刀」在這則寓言乃隱喻《莊子》之「神」。因為，神蘊涵靈魂理性嗜慾。解牛是一種行動，而行動的近因則是來自嗜欲能力。庖丁剛解牛，所見「無非全牛」，三年以後而「未見全牛」。這即是「官知止而神欲行」，「以神遇而不以目視」之義。這裡「官知」、「目視」是指感官嗜慾。神則指理性嗜慾。庖丁所好者是「天道」，則是神依附的對象。但是，神必須繫之於「氣」，氣蘊涵靈魂理智，通過氣所認識的「道」這個最後目的，神依附這個最後目的，才是神相稱的對象。不然，神就只能趨向表面善的感官嗜慾這個不相稱的對象。神趨向感官嗜慾，就像「刀」遇「肯綮」而割，

〔註3〕劉鳳苞，《南華雪心編》，頁72。
〔註4〕宣穎，《南華經解》，頁26。

甚至遇到「大軱」而折。神繫於氣，則依附於道這個最後目的，而對於感官嗜慾的對象，就會避開。猶如「批大郤導大竅」而「緣督以為經」（〈養生主〉），則刀刃未嘗「技經肯綮」，何況「大軱」。工夫修養已至於此，神對於感官嗜慾之誘惑的抗拒能力已措措有餘。猶如言庖丁之刀，在那骨節之間則有縫隙，而刀刃薄利無厚，以無厚入有閒，恢恢乎其於遊刃必有餘地。「是以十九年而刀刃若新發於硎」，即是隱喻神繫於氣而依附天道，對於處於「人間世」的人來說，莊子因此得出一個結論：「人能虛己以遊世，其孰能害之」（〈山木〉），也即是「夫有干、越之劍者，柙而藏之，不敢用也，寶之至也」（〈刻意〉）之義。

陸西星云：「夫物各有理，順其理而處之，則雖應萬變而神不勞，故以庖丁寓言。事譬則牛也，神譬則刃也。」〔註5〕

宣穎云：「刃即神之喻也」。〔註6〕

「善刀而藏之」，與「夫有干越之劍者，柙而藏之，不敢用也，寶之至也」（〈刻意〉）義同，「善刀」與「寶劍」同是比喻「神」。

> 无視无聽，抱神以靜，形將自正。必靜必清，无勞汝形，无搖汝精，乃可以長生。（〈在宥〉）

> 吾猶守而告之，參日而後能外天下；已外天下矣，吾又守之，七日而後能外物；已外物矣，吾又守之，九日而後能外生。（〈大宗師〉）

> 自吾聞子之言，一年而野，二年而從，三年而通，四年而物，五年而來。（〈寓言〉）

> 一而不變，靜之至也；无所於忤，虛之至也；不與物交，惔之至也；无所於逆，粹之至也。（〈刻意〉）

> 水之性，不雜則清，莫動則平；鬱閉而不流，亦不能清，天德之象也。故曰，純粹而不雜，靜一而不變，惔而无為，動而以天行，此養神之道也。夫有干越之劍者，柙而藏之，不敢用也，寶之至也。（〈刻意〉）

> 若志一，无聽之以耳而聽之以心，无聽之以心而聽之以氣！聽

〔註5〕陸西星，《莊子副墨》，頁37。
〔註6〕宣穎，《南華經解》，頁27。

止於耳，心止於符。氣也者，虛而待物者也。唯道集虛。虛者，心齋也。(〈人間世〉)

夫欲免為形者，莫如棄世。棄世則无累，无累則正平，正平則與彼更生，更生則幾矣。事奚足棄而生奚足遺？棄事則形不勞，遺生則精不虧。夫形全精復，與天為一。(〈達生〉)

凡有貌象聲色者，皆物也，物與物何以相遠？夫奚足以至乎先？是色而已。則物之造乎不形而止乎无所化，夫得是而窮之者，物焉得而止焉！(〈達生〉)

形體保神，各有儀則，謂之性。性脩反德，德至同於初。(〈天地〉)

精神生於道，形本生於精。(〈知北遊〉)

是非吾所謂情也。吾所謂无情者，言人之不以好惡內傷其身，常因自然而不益生也。(〈德充符〉)

文惠君得庖丁「養生」，與黃帝問廣成子「治身」(〈在宥〉)兩者義同，庖丁所好者「道」，黃帝問「至道」(〈在宥〉)，皆以最高目的之「天道」為可以追求得到者而追求之。

「官知止而神欲行」與「无視无聽」義同，此處「无視」，即「外物」；「三年而通」之義。物不以目視，而視之以「神」；「神欲行」乃能「通」達。

「以神遇而不以目視」，「神遇」即「抱神以靜」之義。「靜一而不變」，此即超性德行之「望德」，亦即在「意向」方面，最終目的是「一」，以為「天道」為可追求得到者而追求之，這個「意向」永恆不變。因此，「望德」的主體只能是「理性慾望」。「望德」的行動，不僅「願意相信」而已，還要「追求之」這種具體付諸行動之事實，而行動的近因或根據則是「慾望能力」。所以，「望德」的主體是「理性慾望」。依此，「望德」的主體是「神」，「神」蘊涵「理性慾望」。「理性慾望」的對象原本即是善與目的，其本身即是一種德行。但是，「義德」的對象是本身以外的人；「望德」或「愛德」的對象則是超出人類以外的天道。因此，以「理性慾望」為主體之德行，還要另外具備一種「義德」、「望德」或「愛德」的德行能力。「神欲行」一詞，也能具體解釋行動的近因或根據就是「慾望能力」這種意義。「神欲」指出「神」是一種「理性慾望」；「行」是「追求之」某一種具體的行動事實。

由以上論證，證明「神」蘊涵「理性慾望」之「意志」。

二、氣蘊涵理智

本性德行方面，多瑪斯以靈魂理智為智德主體。超性德行方面，多瑪斯以靈魂理智為信德主體。

筆者觀點，本性德行方面，《莊子》「氣」蘊涵靈魂理智，因此，「氣」為智德主體。超性德行方面，《莊子》「氣」蘊涵靈魂理智，因此，「氣」為信德主體。但是，這個觀點必須論證才能成立。

雖然，「神」蘊涵「理性慾望」。可是，「理性慾望」只是「導致目的者」，沒有「導向目的者」的「理性認識」作為「中點」，以指引「理性慾望」，則「理性慾望」只能跟隨「感性慾望」，去追求「表面善或目的」。因為，「理性慾望」沒有方向能力，亦即「理性慾望」完全是一種「盲目」的「行動能力」。

然而，「高級慾望」推動「低級慾望」，但是，沒有「導向目的者」的「理性認識」導向「中點」，「理性慾望」只能追求到不相稱的「表面善或目的」。為此，「氣」蘊涵「理性認識」的提出，更須被證成。

「若一志」，「若」，即「汝」。「一志」，即是超性德行之「信德」。「志」，即「志願」，亦即「願意」。「信德」，即「當信者」，願意相信造物者「天道」是「理性認識」所能認識的「最高目的與善」。

「无聽之以耳」與「无視无聽」之「无聽」義同。「无聽」，即「外天下」；「一年而野，二年而從」之義。「天下」是在「朝」，「外天下」是在「野」。「天下」、「朝」皆須「聽之以感官之耳」始能得；「外天下」、「野」、「從」皆須「聽之以理性認識之氣」而能得。「心」偏於內外感官綜合運作謂之「知心」；「心」偏於精氣神工夫實踐謂之「成心」，「德者，成和之脩也」（〈德充符〉）。「无聽之以心」，即「靜一而不變」之義，「靜一而不變」與「若一志」義同，即是超性德行之「信德」。因此，「若一志」，則「无聽之以耳」；「靜」，則「无聽之以心」。「无所於忤，虛之至也」，「氣也者，虛也」，故「聽之以氣」。由於「信德」的主體是「氣」，因此，「氣」蘊涵「理性認識」。

《莊子》文本的「氣」，完全表現在「虛」字上。「虛」，即是「无視」、「必靜必清，无勞汝形，无搖汝精」之謂。亦即消解「感官認識」，完全進入「理性認識」的領域，才能給「理性慾望」的「神」，指示「中點」。

由以上論證，證明「氣」蘊涵「理性認識」。

三、本生於精的形之惡情和好情蘊涵憤情和欲情

　　本性德行方面，多瑪斯以靈魂非理性部分的憤情和欲情為勇德和節德的主體。

　　筆者觀點，本性德行方面，《莊子》「精」蘊涵靈魂非理性部分的憤情和欲情。因此，本生於「精」的「形」之「好情」和「惡情」為勇德和節德的主體。但是，這個觀點必須論證才能成立。

　　「精」蘊涵「靈魂非理性部分」。

　　既然，「氣」蘊涵「理性認識」；「神」蘊涵「理性慾望」，「精」蘊涵「靈魂非理性部分」的提出，也須被證成。

　　「勇德」與「節德」，皆表現在形軀方面，而都必須受到理性節制。「精神生於道」，而「氣」蘊涵靈魂理性部分的「理性認識」；「神」蘊涵靈魂理性部分的「理性慾望」。因此，「精」、「氣」、「神」蘊涵靈魂理性與非理性部分。依此，「精」蘊涵靈魂非理性部分。

　　「勇德」與「節德」以靈魂非理性部分之「憤情」與「欲情」為其主體。因此，「勇德」與「節德」以「形」「精」為其主體。而「形本生於精」，故「勇德」與「節德」以「精」之「惡情」與「好情」為其主體。

　　「必靜必清，无勞汝形，无搖汝精」，即「外生」；「四年而物，五年而來」之義。「外生」，即「棄事遺生」之義，因「棄事則形不勞，遺生則精不虧」。「四年而物」，即「則物之造乎不形而止乎无所化」之義；「五年而來」，即「與彼更生」之義。

　　「无情」，即「惡情」與「好情」，受到理性制約，即「人之不以好惡內傷其身，常因自然而不益生也」。故「惡情」與「好情」為「勇德」與「節德」的主體。

　　由以上論證，證明「精」蘊涵「靈魂非理性部分」。

　　多瑪斯說：

> 　　既然我們之被稱為義人，是由於行了什麼正直的事，而行動的近因或根據是嗜慾能力，所以義德必然是以某一種嗜慾能力為其主體。可是，嗜慾有兩種：在理性裡的意志，以及隨著感官的察覺而來的感覺嗜慾。這種感覺嗜慾分為憤情和慾情，如同在第一集第八十一題第二節裡已經講過的。再者，使各得其所應得的這個行為，不可能是來自感覺嗜慾；因為感官的察覺，絕不會達到這樣的地步，竟能衡量到

一物與另一物之間的相稱關係，這是專屬於理性的事。所以，義德不
可能以憤情或慾情為其主體，卻只能以意志為其主體。〔註7〕

德行是行為的正直。德行那種行為能力的正直，則那種能力即是德行之
主體，主體即靈魂的機能。義德之行為能力正直，並非只是智性的行為能力
正直；還涉及到做什麼正直的事。因此，義德不是以靈魂理性部分的理智作
為其主體；而是以靈魂理性部分的意志作為其主體。意志即是理性的嗜慾能
力。由於嗜慾能力分為理性的和感官的兩種嗜慾能力，多瑪斯以義德指導我
與他人相互之間的平等對待；衡量我與他人相互之間的合理關係，如此複雜
與深入的人際之間的糾葛與協調工作，必然要以理性層級的理性嗜慾能力作
為其主體。

第二節 「情」之議論

勇德以靈魂非理性部分之「憤情」為其主體；節德以靈魂非理性部分之
「欲情」為其主體。

《莊子》勇德以「本生於精」的「形」之「惡情」為其主體；節德以「本
生於精」的「形」之「好情」為其主體。

一、好惡之情——無以好惡之情內傷其身

惠子謂莊子曰：「人故无情乎？」

莊子曰：「然。」

惠子曰：「人而无情，何以謂之人？」

莊子曰：「道與之貌，天與之形，惡得不謂之人？」

惠子曰：「既謂之人，惡得无情？」

莊子曰：「是非吾所謂情也。吾所謂无情者，言人之不以好惡內
傷其身，常因自然而不益生也。」

惠子曰：「不益生，何以有其身？」

莊子曰：「道與之貌，天與之形，无以好惡內傷其身。今子外乎
子之神，勞乎子之精，倚樹而吟，據槁梧而瞑。天選子之形，子以
堅白鳴！」（〈德充符〉）

〔註7〕《神學大全》第九冊，第五十八題，第四節，正解。

「惠子謂莊子曰」至「惡得不謂之人」，陸西星云：「惠子謂莊子曰：人故無情乎哉？故，如則故而已之故，謂本來也。莊子曰：然。惠子曰：人而無情，何以謂之人？莊子曰：人之形色象貌，皆自未始有始中來，皆道與之，道與之即天與之也。有自天中道中來者，尚不得謂之人乎」。〔註8〕

惠子以為隨「形骸」而有之「情」，即是人之七情六慾，人沒有這些情慾，是不可能的。莊子說：形貌是天道給人的，既有形貌，怎得不謂之人。

「惠子曰」至「常因自然而不益生也」，憨山大師云：「此惠子全不知道理，與常人所見一般。謂既是個人，豈得無情者乎？惠子意謂必有情欲，乃可為人，故以無情不得為人為問。莊子以正義答之曰：我所謂無情者，非絕無君親父子夫婦之情也，蓋因世人縱情肆欲以求益生，而返傷其生，故我要絕其貪欲之情耳，非是絕無人倫也」。〔註9〕

惠子說：既是人，怎可無情？莊子說：你說的情不是我所謂的「情」。我所謂「无情者」，是所謂人「不以好惡內傷其身，常因自然而不益生」。莊子回答惠子所謂的「无情者」之「情」，是好惡傷身害性的「情」，完全可以不存在。

「常因自然而不益生也」之「益生」，陸西星云：「益生二字，本於老子益生曰祥，謂裨益於所生之外，而以人為參之也」。〔註10〕

天道與之形貌，以生理而言足以益生，何必再以「人為參之」以益生。

「惠子曰」至「子以堅白鳴」，陸樹芝云：「男女交而人以生，則人身本從益生中來。天予人以形貌，原不令人以好惡傷其身。今子乃不自愛惜精神，當倚樹而吟，倦則據琴几而瞑，是天本選擇而予子以最貴之人形，子卻不自愛，持堅白之說以自鳴而傷身也」。〔註11〕

惠子說：人之身亦來自益生，而情慾寄於人內，始有此身。莊子說：益生可不必，形貌得自天道，生理本已自足，無以好惡內傷己身。而今，子之神外而蕩出，子之精勞而虧竭，倚樹而呻吟，據琴而目瞑。天選子尊貴之形貌，子卻捨之，自鳴以堅白之論而內傷其身。

據此而論，無以好惡之情內傷其身，完全可以理解。除此之外，情則近

〔註8〕陸西星，《莊子副墨》，頁67。
〔註9〕憨山大師，《莊子內篇憨山註》，頁366。
〔註10〕陸西星，《莊子副墨》，頁67。
〔註11〕陸樹芝，《莊子雪》，頁68。

性，不傷其身；失性則情慾氾濫，近性之情遂成好惡之情。

> 且夫失性有五：一曰五色亂目，使目不明；二曰五聲亂耳，使
> 耳不聰；三曰五臭薰鼻，困惾中顙；四曰五味濁口，使口厲爽；五
> 曰趣舍滑心，使性飛揚。此五者，皆生之害也。（〈天地〉）

失其性，情乃遠離性，而生好惡之情，足以害生。近性之情，無害於生，情近於性則等於性，有益而無害。

二、性命之情——所謂臧者任其性命之情而已

> 彼正正者，不失其性命之情。（〈駢拇〉）

郭象注：「物各任性，乃正正也。自此已下觀之，至正可矣」（同上）。

成玄英疏：「以自然之正理正蒼生之性命，故言正也。物各自得，故言不失也。言自然者，即我之自然；所言性命者，亦我之性命：豈遠哉！故言正正者，以不正而正，正而不正言也。自此以上明矯性之失，自此以下顯率性之得也」（同上）。「自此以上」為文本：「多方駢枝於五藏之情者，淫僻於仁義之行，而多方於聰明之用也」。「自此以下」為文本：「故合者不為駢，而枝者不為跂；長者不為有餘，短者不為不足」。

關於「情」應該是與「形」、「貌」較為密切，即「有人之形，无人之情。有人之形，故群於人，无人之情，故是非不得於身」（〈德充符〉）之義。此處之「情」乃好惡之情，非性命之情。

呂惠卿云：「有人之形，無人之情，以其所遊在誠忘故也。群於人則遊乎世俗，是非不得於身則體乎天均。得其小者屬於人；大者屬於天也。貌則動作威儀無非道，形則六骸九竅天而生。所以為人者足矣，奚為疑其不可以無情乎」。〔註12〕

道生貌，天生形，形貌皆非情所生，形貌於人已滿足，何需再有好惡之情以益生。

陳碧虛云：「有形無情望之似木雞矣。一尺之面容，貌不同者，道與之也。六尺之體，空竅無殊者，天與之也，皆非情之所有。天任子之形，豈有情哉？喑醷而自生耳」。〔註13〕

「喑醷而自生」，即好惡之情，於人乃多餘，有害無益。

〔註12〕呂惠卿，《莊子義》，頁62。
〔註13〕褚伯秀，《南華真經義海纂微》，頁219。

「願聞神人。」

曰：「上神乘光，與形滅亡，此謂照曠。致命盡情，天地樂而萬
事銷亡，萬物復情，此之謂混冥。」（〈天地〉）

吳伯與云：「使物為之，則不化。任其自為則化。故曰行言自為而天下化。
無思無慮，無是非，共利共給而不自私德，所為玄同也。上神者，神上升而日
月之光反乘於下。蓋神人旁雲氣，挾日月，而遊乎不測之景耳。與形滅亡者，
倒影下視，不為軀殼所累也。這是虛明、洞煥、曠照而無垠，道家謂入金石無
碍，步日月無影。蓋如此窮性命之致，盡生化之情，故寄身天地無不逍遙，物
我虛幻，萬事銷亡矣，是謂復情。情者，有也。復者，復之而歸於性，並情無
之。夫是以渾沌無分，冥同一道矣。論德復歸於神本，前保神二字，來即入於
天之說也」。〔註14〕

此處之情只能當性解。無好惡之情，則情近於性，或並情無之，即復之
而歸於性，此情即是性。關於「性」，則是與「德」遙遙呼應。

泰初有无，无有无名；一之所起，有一而未形。物得以生，謂
之德；未形者有分，且然无閒，謂之命；留動而生物，物成生理，
謂之形；形體保神，各有儀則，謂之性。性脩反德，德至同於初。
同乃虛，虛乃大。合喙鳴；喙鳴合，與天地為合。其合緡緡，若愚
若昏，是謂玄德，同乎大順。（〈天地〉）

一未形但已由一分化為多，待「德畜之」（〈老子・五十一章〉），物得「分
殊之德」以生，則是「物形之」（同上）之義。

「且然無閒，謂之命」，物得多少分殊之德以生，物之命就存有多少分殊
之德；物之分殊之德等同命之分殊之德，兩者沒有間隙差距之意，因此，命
受到物所得到分殊之德的限定。

「留動而生物，物成生理，謂之形」，「萬物負陰而抱陽，沖氣以為和」
（〈老子・四十二章〉），始含生理功能而成形。

「形體保神，各有儀則，謂之性」，物具形體且保存道所生之精神，皆能
依循恰當之義理原則以使合宜，即是性。

郭象注：「夫德形性命，因變立名，其於自爾，一也」（〈天地〉）。

成玄英疏：「體，質。保，守也。稟受形質，保守精神。形則有醜有妍，

〔註14〕吳伯與，《南華經因然》，《四庫未收書輯刊・叁輯・貳拾柒冊》，北京：北京
出版社，2000，頁27～745。

神則有愚有智，既而宜循軌則，各自不同，素分一定，更無改易，故謂之性也。」（同上）。

「德形性命」皆來自於一，但仍具不同意義，必須分辨清楚。《老子》沒有「性」字。老子的性包含在分殊之德內。《莊子》「性」與「德」便有分別。性可視為「形」的本質，沒有形則性無落歸處。且「性脩反德，德至同於初。同乃虛，虛乃大」這段已清楚表達形的性，必須經過人以「致虛守靜」的修養工夫，才能返回德之域。因此，《莊子》偏於形體本質之生理，合於理性即是性；偏於道之抽象性，即是德。

> 駢拇枝指，出乎性哉！而侈於德。附贅縣疣，出乎形哉！而侈
> 於性。多方乎仁義而用之者，列於五藏哉！而非道德之正也。（〈駢
> 拇〉）

駢拇，足大指連第二指。枝指，手有六指。二者，屬生理之性，天生如此，因性生於一，一即德，故於德而言乃多餘。附贅縣疣，皮膚之贅疣，依附於形，於生理之性而言乃多餘。多方仁義，方，即是法，列於五藏，牽強附會。

關於「命」，乃物得以生，所得之德的限度，即是命。

> 知不可奈何而安之若命，唯有德者能之。（〈德充符〉）

此與儒家以心安作為是否安之的判準不同。《莊子》視命為萬物得之於天的德畜限定，人亦不能例外。因此，人的命便受天道限定而無法改變，人能接受的態度只有安之若命而已。

> 死生存亡，窮達貧富，賢與不肖毀譽，飢渴寒暑，是事之變，
> 命之行也。日夜相代乎前，而知不能規乎其始者也。故不足以滑和，
> 不可入於靈府。（〈德充符〉）

命既然是一未形而分化為多，尚未形物，畜之以德，物乃形之。就是如此，不多一分，也不少一分，物之命與德畜限定之間，沒有絲毫間際的差距，即謂命。由是，則經驗世界之生死、存亡、窮達、貧富；甚至賢與不肖、饑餓、寒熱，這些經驗世界的壽夭、貴賤、賢愚、成敗，則是經驗世界事事無常的變化，皆導因於命，莫非命使之然。能安之於命，才是有德者的處世態度。「滑」，意思為亂。世事順逆浮沉，固不值得自亂於胸中，而攪擾「成和」之道。人事險惡極端，更不值得侵入於精神寶宅的靈臺之府。

> 死生，命也，其有夜旦之常，天也。（〈大宗師〉）

生死、壽夭，由命所決定，就像晝夜循環不已乃天之常一樣，人不能無

生死，天不能無日夜。

> 吾思夫使我至此極者而弗得也。父母豈欲吾貧哉？天无私覆，
> 地无私載，天地豈私貧我哉？求其為之者而不得也。然而至此極者，
> 命也夫！（〈大宗師〉）

命為自然造化，《莊子》的命定論並非宿命論。宿命論為消極的人生觀；命定論則是積極的人生觀。因此，藉由「道之尊，德之貴，夫莫之命而常自然」（《老子‧五十一章》）之啟示，「知不可奈何而安之若命」，絕對不是放棄生命，它更是實現人類道德實踐而走向幸福人生之箴言。

> 莊子妻死，惠子弔之，莊子則方箕踞鼓盆而歌。
> 惠子曰：「與人居，長子老身，死不哭亦足矣，又鼓盆而歌，不亦甚乎！」
> 莊子曰：「不然。是其始死也，我獨何能无概然！察其始而本无生，非徒无生也而本无形，非徒无形也而本无氣。雜乎芒芴之間，變而有氣，氣變而有形，形變而有生，今又變而之死，是相與為春秋冬夏四時行也。人且偃然寢於巨室，而我噭噭然隨而哭之，自以為不通乎命，故止也。」（〈至樂〉）

成玄英疏：「莊子知生死之不二，達哀樂之為一，是以妻亡不哭，鼓盆而歌，垂腳箕踞，敖然自樂。共妻居處，長養子孫，妻者死亡，竟不哀哭，乖於人理，足是無情，加之鼓歌，一何太甚也」（〈至樂〉）。

惠子弔祭時看到莊子鼓盆而歌，「共妻居處」開始是惠子對莊子無情之言論。但莊子反駁惠子的理由，則是自己於妻亡初始，我何能獨己「无概然」感傷！但察覺生死一事，始由「无生」而來；「无生」由「无形」而來；「无形」由「无氣」而來，循環復始，與春夏秋冬四時之間相與為，而周行不已的道理是完全相同的。人「无氣」而安息，就是以天地之巨大空間為室，而寢臥其間，自以為「死生存亡」，「通乎命之行」，而我反過來隨著慟哭，便是以為「死生存亡」，「不通乎命之行」，所以不再哭泣。

> 達生之情者，不務生之所无以為；達命之情者，不務知之所无奈何。（〈達生〉）

「達」，通達的意思。情沒有好惡之情，即是性。人得以生，謂之德。一未形得分殊之德畜以生人，「且然無閒」，謂之命。形各有生理運作，甚且含有精神本質，則性各有儀則。因此，人之生，各有限定，生死、壽夭、富貴、

貧賤、賢巧、愚拙，無非是命。生命之情能曲直條達暢快，必不花心思去經營無法益生之有為，因為，人之生，先天已自足，生無需益，益生亦無助於生；也不必費心神去張羅不能長「知」的柰何。

> 孔子觀於呂梁，縣水三十仞，流沫四十里，黿鼉魚鱉之所不能游也。見一丈夫游之，以為有苦而欲死也，使弟子並流而拯之。數百步而出，被髮行歌而游於塘下。
>
> 孔子從而問焉，曰：「吾以子為鬼，察子則人也。請問，蹈水有道乎？」
>
> 曰：「亡，吾无道。吾始乎故，長乎性，成乎命。與齊俱入，與汨偕出，從水之道而不為私焉。此吾所以蹈之也。」
>
> 孔子曰：「何謂始乎故，長乎性，成乎命？」
>
> 曰：「吾生於陵而安於陵，故也；長於水而安於水，性也；不知吾所以然而然，命也。」（〈達生〉）

德為生之故，緣於故而安於故，緣於德而安於德，緣於陵而安於陵。因為，陵為生之故。「形體保神，各有儀則，謂之性」。本性良窳乃受分殊之德之限定。「故道生之，德畜之：長之、育之、亭之、毒之、養之、覆之」（〈老子・五十一章〉），物得以長，因於德。「性」則是「形體」保存「生於道」之「精神」，而「各有儀則」，長於德則安於德，長於性則安於性，長於水則安於水，本性之中具有水性「儀則」，乃因本性取得水性「儀則」。「未形者有分，且然无閒，謂之命」。一未形而成多，受分殊之德限定，就是如此，絲毫無差，就是「命」。只知如此，不知吾何以如此，此即是「命」。

筆者觀點，「性命之情」，是人理性所能知道的「自然道德律」。多瑪斯說：

> 因為凡主動者，皆是因了目的而動，而目的具有善的意義。因此，實踐理性的第一條原理是以善為基礎，即「善是一切所追求者」。所以，法律的第一條指令是「該行善、追求善而避惡」。自然法律的其他一切指令，都是以這條指令為根據；故此，凡實踐理性自然認為是人之善者，無論是該行者，或該避者，都屬於自然法律之指令。〔註15〕

自然道德律第一條指令為「該行善、追求善而避惡」。其它自然道德律的指令，都是以自然道德律第一條指令「該行善、追求善而避惡」為基礎。

〔註15〕《神學大全》第六冊，第九十四題，第二節，正解。

　　筆者觀點，「性命之情」是人理性所能知道的自然道德律，此一命題，固然必先論證人理性所能知道的「性命之情」是否合理。因為，「情」、「命」、「形」、「性」四者關係密切，人理性所能知道的「性命之情」命題之論證，即是釐清四者之關係。以此之故，以上「情」之議論，就是把四者之間的關係作個釐清，這也等於是對「性命之情」之命題所提出的論證。

第三節　人性的「心」之議論

　　莊子之「心」有兩種指謂，第一種指謂內外感官之綜合運作，即「心知」之使用，亦即「目徹為明，耳徹為聰，鼻徹為顫，口徹為甘，心徹為知」（〈外物〉）之心；第二種指謂「心靈」，即自「氣」、「精」、「神」之工夫境界中，所呈顯之「心」，亦即「而遊心乎德之和」（〈德充符〉）之「心」。

　　相對於第二種指謂的「心」，即是無工夫實踐的「心」。這種「心」最容易向下沉淪。

　　第二種指謂的「心」，在工夫實踐上，自始至終，都把「心」比喻為水，水的最佳狀態，是呈現一種既「流動通暢」又「清靜純粹」的樣態。因此，工夫實踐的「心」，在學道初始，即要求「心」儘快達到「清」、「靜」的境界。「心」的工夫境界必須達到如水之「清」、「靜」，才能再使「心」的境界向上提升至「常」（〈德充符〉）、「成和」（〈德充符〉）、「靈府」（〈德充符〉）、「靈臺」（〈庚桑楚〉）的境界層次。

　　雖然，莊子對於聖人以上的道德境界之「心」，始終是以水喻心。可是，〈內篇〉給予如水「清」、「靜」的「心」之形容，卻也有多種比喻。譬如：經過「恬淡寂漠虛无无為」（同上）工夫修養，則能「乘物以遊心」（〈人間世〉），亦能「遊心於淡，合氣於漠」（〈大宗師〉）。《莊子》這樣來比喻「心」，陳德和稱此為「道心」。〔註16〕這樣的「心」能開顯出「至美」（〈田子方〉）景象，而讓人的「心」達到「得至美而遊乎至樂」（同上）之境界，此即「天地有大

〔註16〕陳德和說：「莊子認為，任何人都可以用無、外、忘、虛等的工夫，做生命的超越和突破，其所證成之開放的心靈，可以解構人世間的種種對立，也可以掙脫利害得失的牽絆，甚至連生死到來亦不被其所恐動，且就在此如水之心、如鏡之智的觀照下，不僅南海北溟可以來去自如，方內方外更是出入方便，即使彼非此是之兩難，亦可兩行而兩不礙。換句話說，惟此道心理境之悟得，始是無處不可遊、無入而不自得的大痛快。」參閱陳德和，〈論莊子哲學的道心理境〉，《鵝湖月刊》，第 27 期，2000 年 6 月，頁 66。

美而不言」(〈知北遊〉)之義,徐復觀稱此為「藝術精神」。﹝註17﹞

　　筆者觀點,莊子的學道之路,是從本性之德與超性之德齊頭並進。智德與信德並進;義德與望德並進;勇德或節德與信德、望德並進;智德、義德、勇德、節德與信德、義德、愛德並進。學道途中,進入勇德或節德與信德、望德並進階段,就能獲得天道「恩寵」之「朝徹」(〈大宗師〉)或「鬼神將來舍」(〈人間世〉)。因此,自智德與信德並進階段開始,心的工夫境界就是「靜」。這個「靜」,並不是在心上下工夫,而是在「氣」上下工夫。「若一志」(〈人間世〉),亦即汝「聽之以氣」(同上),「志願」即是「願意」實踐信德。即當信者,是願意相信天道。志願相信「一」而不改變,心就能達到「靜」的境界,此即「一而不變,靜之至也」(〈刻意〉)之義。所以,智德與信德並進的心之「靜」,是在「氣」上下工夫。義德與望德並進階段也是一樣,心的工夫境界也是「靜」。這個「靜」,也不是在「心」上下工夫,而是在「神」上下工夫。「臣以神遇而不以目視,官知止而神欲行」(〈養生主〉);「无視无聽,抱神以靜」(〈在宥〉),行動的近因是「神」,使「神」指向最高目的有兩種,第一種是「意向」對目的之追求;第二種是精神與目的結合為一。關於「意向」,使「神」視這個目的是能達到者而去追求這個目的,這是望德。這個目的就是「天道」,使「神」視「天道」是能達到者而去追求這個「天道」而不改變,心就能達到「靜」的境界。所以,義德與望德並進的「心」之「靜」,是在「神」上下工夫。

一、帝王聖人之「萬物无足以鐃心」

　　　　萬物无足以鐃心者,故靜也。水靜則明燭鬚眉,平中準,大匠取法焉。水靜猶明,而況精神!聖人之心靜乎!天地之鑑也,萬物之鏡也。(〈天道〉)

　　林疑獨注:「欲盡其性,必先靜心。心靜則明則平,大匠取法。水靜猶能若此,況人心乎!心者,精神之宅,靜之則精一而神全,橈之則精竭而神疲。精一神全,則其心圓明,何所不照!此天地之鑒,萬物之鏡也」。﹝註18﹞

﹝註17﹞徐復觀說:「莊子所把握的心,正是藝術精神的主體。莊子本無意於今日之所謂藝術;但順莊子之心所流露而出者,自然成就其藝術地人生;也由此而可以成就最高地藝術。」參閱徐復觀,《中國藝術精神》,臺北:臺灣學生書局,1966,頁70。

﹝註18﹞褚伯秀,《南華真經義海纂微》,頁565。

「天道運而无所積」（同上），即「生而不有，為而不恃，長而不宰，是謂玄德」（〈老子‧五十一章〉）；「夫莫之命而常自然」（〈老子‧五十一章〉）之義，所謂造物者利萬物而不害。此處「玄德」、「常」、「自然」皆指「天道」。

「帝道運而无所積」（〈天道〉）、「聖道運而无所積」（同上）而通「天道」，返本歸源，無有不靜之心，接應萬物無累而不傷，故無物以撓心，則心無不靜。此即「歸根曰靜，是謂復命。復命曰常」（〈老子‧十六章〉）之義。性命復歸其所自來之天道，因而本心謐靜，如水之清靜澄澈，天地萬物莫不返照明鑑。本心清靜，則精神為之宅寓而通神明。

「精」、「神」皆生於一，即生於道，亦即「精神生於道」（〈知北遊〉）之義。精一神全則分殊之德冥合於道而德全。「萬物並作，吾以觀復。夫物芸芸，各復歸其根」（同上），德全能直觀芸芸萬物各自復歸其所自來之本根。本根，即天道。

筆者觀點，莊子筆下之「帝王」，同於聖人，皆是「朝徹」（〈大宗師〉）者，而為「域中有四大，而王居其一焉」（〈老子‧二十五章〉）。這些「朝徹」者之工夫境界，使「心」的境界，達到「清」、「靜」的工夫層次。

二、至人之「用心若鏡」

> 無為名尸，無為謀府；無為事任，無為知主。體盡无窮，而遊
> 无朕；盡其所受乎天，而无見得，亦虛而已。至人之用心若鏡，不
> 將不迎，應而不藏，故能勝物而不傷。（〈應帝王〉）

朱得之云：「有人之形，有人之譽是為名尸。謀、任、知皆是名尸也。無窮，道之大也；無朕，道之微也。身服此道曰體，動靜無愧曰盡，周旋不離曰遊。無見無得，性體本然之虛也。天固虛也，我亦虛也。故曰盡其所受乎天也」。〔註19〕

至人虛靜無為而無累，動靜無己而不愧。至人之靜，不與動對。遊心於「淡乎其無味」（〈老子‧三十五章〉）之道，乃是與道不離之「常德不忒」（〈老子‧二十八章〉）。至人虛靜而無為，用心若明鏡，故能勝物不傷。四「無」乃禁止之謂。為「名」，形如尸瘁；為「謀」，精耗枯竭而府藏有盡，不能如「天府」取之不盡，用之不竭；為「事」，己任有為而神疲不休；為「知」，心君動

〔註19〕朱得之，《莊子通義》，《無求備齋莊子集成續編》，第三冊，臺北：藝文印書
　　　館，1974，頁256。

盪而不能平靜。四者使心「不和」而「蕩出」，是非執著，顯露於形外。至人「體盡」大道之無窮，而遊沖漠道玄之精微；至人權能極致，所受乎天，本無所見，亦本無所得，皆虛靜所使然。至人虛靜恬惔，故用心如鏡，動則無己以應物，不將古往，不迎今來，如鏡反照眾物，必有所應，絕無所藏。觀照萬物，以顯媸妍，無所能隱，故能勝物，勝物無損故不傷。

三、真人之「不可入於靈府」

> 哀公曰：「何謂才全？」
>
> 仲尼曰：「死生存亡，窮達貧富，賢與不肖毀譽，飢渴寒暑，是事之變，命之行也；日夜相代乎前，而知不能規乎其始者也。故不足以滑和，不可入於靈府。使之和豫，通而不失於兌；使日夜无郤而與物為春，是接而生時於心者也。是之謂才全。」
>
> 何謂德不形？
>
> 曰：「平者，水停之盛也。其可以為法也，內保之而外不蕩也。
>
> 德者，成和之脩也。德不形者，物不能離也。」（〈德充符〉）

藏雲山房主人云：「徐笠山曰：兌即和也一語深妙，與時無間，與物同其太和，接而生時於心，化工在我，變動因心」。又云：「兌為澤之兌，潤澤之象，天一之精也，故曰：德潤身也。兌即德也，人之所得於天者也。不失於兌，即保始也」。[註20]

「才全」即是「德全」；「兌」即是「和」；「成和」，即是「德全」；「德全」則「不形」，亦即「德」不是形體感官層次之屬。「和成」之「德」，才能「不形」。

德至「成和」之脩，故能「事之變，命之行」，而皆「不足以滑和」，亦即無能淆亂「成和」之盛德而使其心外馳以致搖蕩。亦不能入於靈府，即是「成和」之德，其心清靜莫能動搖，不但「萬物无足以鐃心」，更沒有任何東西能夠進入靈府。滑，亂之意。因此，「和成」之德，其心便有「靈府」之名。赤子「終日號而不嗄，和之至也。知和曰常，知常曰明」（〈老子・五十五章〉），「和」、「常」、「明」三者義同，皆同於天道。

四、神人之「不可內於靈臺」

> 備物以將形，藏不虞以生心，敬中以達彼，若是而萬惡至者，

〔註20〕藏雲山房主人，《南華大義解懸參註》，頁236。

皆天也，而非人也，不足以滑成，不可內於靈臺。靈臺者有持，而
不知其所持，而不可持者也。（〈庚桑楚〉）

林雲銘云：「言人備物以奉其身，思患預防，常恐有不測之事，而又敬而
無失，與人恭而有禮，直足以自全矣。若是而眾惡交至者，皆天也，非人之所
致。自有道者處之，不足以滑亂成德，而入於靈臺之中。何者？蓋靈臺本有
主持，而不知其所主持之時，而有不可主持者在也」。〔註21〕

「備物」即虛物，亦即「虛以待物」之謂，「將形」即養形，亦即「形體
保神」之謂。「藏」懷抱之意，「不虞」即沒有機巧之心；「生心」即養心，亦
即「心齋」之謂；「敬中」即「託不得已以養中」之「養中」，以涵養心君，亦
即道德，以達人氣與達人心。

「成」，即「德者，成和之脩也」。「成」、「和」義同。「成和」之德，其心
即是「靈臺」，雖萬惡至也不足以淆亂或內入。王夫之對「靈臺」一詞的解釋：

宇固無不泰也，無不定也。堯舜治之，而上下四旁猶是也；殺盜
亂之，而上下四旁猶是也。故可移不泰者而恆於泰，移不定者而恆於
定。修此者，擴其靈臺如宇，而泰定亦如之矣。何也？靈臺者，故合
宇於臺以為靈者也。宇之中自有天光焉，臺之中自有靈焉。〔註22〕

王夫之擷取「宇泰定者，發乎天光。發乎天光者，人見其人，物見其物。
人有脩者，乃今有恆；有恆者，人舍之，天助之。人之所舍，謂之天民，天之
所助，謂之天子。」（〈庚桑楚〉）之句發揮「靈臺」之義。「宇之泰定」與「心
之靈臺」兩者涵義相同。

第四節　位格「造物主」之議論

對於《莊子》「上與造物者遊」（〈天下〉）之「造物者」，具有理性位格，
筆者論證如下：

今且有言於此，不知其與是類乎？其與是不類乎？類與不類，
相與為類，則與彼无以異矣。雖然，請嘗言之。有始也者，有未始
有始也者，有未始有夫未始有始也者。有有也者，有无也者，有未
始有无也者，有未始有夫未始有无也者。俄而有无矣，而未知有无

〔註21〕林雲銘，《莊子因》，頁250。
〔註22〕王夫之，《莊子解》，頁276。

之果孰有孰无也。今我則已有謂矣，而未知吾所謂之其果有謂乎，其果无謂乎？（齊物論）

「有始也者」，與「泰初有无无」（〈天地〉）之「有无无」；「參寥聞之疑始」（〈大宗師〉）之「疑始」義同。

「有有也者」，第一個「有」，即「有始也者」。第一個「有」產生第二個「有」。第二個「有」，即「有无也者」。「有无也者」，與「泰初有无无，有无名」之「有无名」義同。

「有始」之上是「未始有始」，「未始有始」之上是「未始未始有始」，無限往上遞增。「有无」之後是「未始有无」，「未始有无」之後是「未始未始有无」，無窮往後倒退。

釋「有未始有夫未始有始也者」，陸西星云：「自太極上推到無極，自無極上又推到無極之先，溟溟涬涬，莫可措語」[註23] 無極上又推到無極之先，就是無限追溯和無窮後退所形成的內在困難。如何解決此內在困難？「俄而有無矣，而未知有無之果孰有孰無也」，這句文本倒是可以解決此內在困難。

釋「俄而有无矣」，王邦雄說：「『俄而有無矣』，是從往上追溯而無窮後退之理論的困境中，脫困而出，在生命的實感中，有存在的體悟」。[註24] 此處「存在」，就是道實存內在於萬有之中。

筆者觀點，「未始有始」，與「視之不見名曰夷，聽之不聞名曰希，搏之不得名曰微。此三者不可致詰，故混而為一」（〈老子‧十四章〉）之「一」義同。「不可致詰」，即是不可詰問。在解決無窮後退的理論困境方法上，亞里斯多德的因果理論，與多瑪斯的五路論證則提供最佳方法。

亞里斯多德在《物理學》第七卷第一章提到：

> 一切被運動的東西必然被某物所運動，那麼，假如運動的某物被另一個被運動的某物所運動，而這一個運動中的某物又被另一個被運動的某物所運動，如此等等就可以永遠追溯而無窮盡。然而這個系列不能繼續追溯而無窮盡。所以，必然有某個第一運動者，假設這個系列不可永遠追溯而無窮盡。[註25]

〔註23〕陸西星，《莊子副墨》，頁 25。
〔註24〕王邦雄，《莊子內七篇‧外秋水‧雜天下的現代解讀》，頁 110。
〔註25〕Aristotle. *The Complete Works of Arestotle*, The Revised Oxford Translation. Vol.2. Edited by Jonatean Barnes. New Jersey: Princeton University Press, 1984.2. Physics. VII 1. 242a50-55.

「第一運動者」（τὸ πρῶτον κινοῦν），就是「不能被運動的運動者」（τὸ κινοῦν ἀκίνητον）。〔註26〕

對於探討運動的原因和本原，亞里斯多德在《物理學》第八卷第五章提到：

> 最初運動者不能是被運動者；也不能是被存有者。最初運動者絕對是自己存有者，而被運動者都是被存有者。〔註27〕

「最初運動者」，即是「不能被運動的運動者」。

亞里斯多德在《形上學》第十二卷第七章提到：

> 存在著某種被運動的東西，不停地運動著，是一種圓周運動，這是顯然的事實，不只用道理去講清楚的。最初的天是永恆的。此外還要有某種運動著它的東西。既然被運動的東西又運動是一種居間者，那麼某種不被運動而運動的東西，就是永恆的、現實性的實體。〔註28〕

「不能被運動的運動者」，是純實現而永恆的實體（ἀκίνητον）；就其思想而言，乃思想實體本身，因為思想和被思想兩者同一，不能被運動的運動者思想實體本身則是與神同一。

亞里斯多德在《形上學》第十二卷第七章提到：

> 就其自身的思想，是關於就其自身為最善的東西而思想，最高層次的思想，是以至善為對象的思想。理智通過分享思想對象而思想自身。它由於接觸和思想變成思想的對象，所以思想和被思想的東西是同一的。思想就是對被思想者的接受，對實體的接受。在具有對象時思想就在實現著。這樣看來，在理智所具有的東西中，思想的現實活動比對象更為神聖，思辨是最大的快樂，是至高無上的。如若我們能一刻享到神所永久享到的至福，那就令人受寵若驚了。如若享得多些，那就是更大的驚奇。事情就是如此。神是賦有生命的，生命就是思想的現實活動，神就是現實性，是就其自身的現實

〔註26〕徐開來中文譯本將「最初運動者」譯為「不能被運動的運動者」。參閱亞里斯多德，《亞里斯多德全集·物理學》，苗力田主編、徐開來譯，北京：中國人民大學出版社，1990，頁233。

〔註27〕Aristotle. *The Complete Works of Arestotle*,The Revised Oxford Translation. Vol.2. Edited by Jonatean Barnes. New Jersey: Princeton University Press,1984.2. Physics. VIII 5. 257a29-31.

〔註28〕亞里斯多德，《亞里斯多德全集·形而上學》，苗力田主編、苗力田譯，北京：中國人民大學出版社，1990，頁277。

性，他的生命是至善和永恆。我們說，神是有生命的、永恆的至善，

由於他永遠不斷地生活著，永恆歸於神，這就是神。〔註29〕

「不能被運動的運動者」，兼具理性的思想就是「神」。由以上所引用亞里斯多德的文獻可以綜合為以下原則：

第一、萬物之運動必有推動者，第一推動者，即是「不能被運動的運動者」。「不能被運動的運動者」必然自己存有，而且，先於被推動者，亦即被存有者。推動系列原因的追溯，不可無限後退。「不被運動的運動者」的本質特徵，即是永恆性、純實現性和純形式性。

第二、第一推動者的實現活動，或理性沉思活動，是至福的永恆快樂生活，理性沉思的實體必然是神。因為，唯有神才擁有永恆的至福生活。多瑪斯五路論證天主存在，就是論證「不能被運動的運動者」即是「天主」。

多瑪斯藉由五路論證的方法，將亞里斯多德形上學所謂「不能被運動的運動者」，視為唯一有理性的創造者天主。對於「不能被運動的運動者」，作為天穹永恆運動的動力因，是亞里斯多德的理論原則。多瑪斯將「不能被運動的運動者」，視為天主這個前提，是由亞里斯多德「不能被運動的運動者」等同神的至福沉思生活所證成。因此，天主是永恆天穹運動的目的因。

田書鋒說：

就首要實體作為最初天穹的本原和直接動力因來說，它是第一推動者，因為它本身就蘊含著推動的原則；但就首要實體是最初天穹和這個自然的欲求對象而言，它是天穹和自然的目的因，天穹雖然欲求首要實體，但如若首要實體不是直接動力因的話，天穹自身也不能單憑欲求首要實體就能進行永恆的圓周運動。〔註30〕

「不能被運動的運動者」，為永恆天穹運動的動力因；若作為目的因，「不能被運動的運動者」，必然是兼具理性沉思實現活動等同神的天主。

田書峰這篇研究論文是針對多瑪斯把「不能被運動的運動者」，作為天主之命題，受到一位來自德國的學者 Michael Bordt SJ.的挑戰而發表的。

田書峰說：

多瑪斯不能被運動的運動者作為天主命題受到一位來自德國

〔註29〕亞里斯多德，《亞里斯多德全集‧形而上學》，頁277。

〔註30〕田書峰，〈亞里斯多德論第一推動者與神的關係〉，《哲學與文化》，第45卷第6期，2018年6月，頁190。

的學者 Michael Bordt SJ.的反駁，他在一篇題為"Why Aristotle's God is not the Unmoved Mover"的論文中，首次提出來將亞里斯多德的神理解為第一推動者是不正確的，至少是會引起很多誤解的深入探討的文章。〔註31〕

田書鋒並引用 Enrico Berti 的一篇論文，該論文則認為：

> 作為神的第一實體的現實活動不可能僅僅在於思維或窮盡思想之能事，它的現實活動同樣也應該包括推動世界，但是，鑒於第一實體的單純性（simplicity），它所進行的推動的行動就等同於思維行動。如果 Berti 的命題成立，那麼，Bordt 對多瑪斯的命題所進行的反駁就會遇到嚴重的阻礙。二者的主要分歧點就在於他們對第一推動者推動天穹和世界的方式的理解有所不同，按照 Bordt 的看法，首要本原或第一推動者推動天穹和世界的方式如同所欲求之物和所思之物，即第一推動者通過作為目的因（causa finalis）而推動最初天穹或成為天穹的動力因（causa efficiens）；但是，按照 Berti 的看法，第一推動者不是通過作為最初天穹的目的因而成為最初天穹的動力因，而是，他本身就直接是最初天穹的動力因，是自身的目的因，而不是最初天穹或別物的目的因。面對這種針鋒相對的主張，我們還是回到亞里斯多德的文本，這樣問題本身才會明朗起來。〔註32〕

「不能被運動的運動者」，作為動力因才能推動永恆天穹的圓周運動。但作為動力因的運動者，不會是被推動者的愛欲所使然而產生推動永恆運動。

因此，可以這麼說。多瑪斯找到推動天穹永恆運動的原因；亦即理性思想的神，即是天主，作為永恆天穹運動的目的因，是符合理論邏輯基礎的推論原則。

反而，取消「不能被運動的運動者」等同神的命題，「不能被運動的運動者」，推動永恆天穹運動的原因將無著落。

經由田書峰探討第一推動者的文獻，回到《莊子・齊物論》，對於「有始也者」，無限後退難題已經給予合理的解答。而且，再由永恆天穹運動的動力因原因的命題，多瑪斯的天主論證，合理推論得到「不能被運動的運動者」

〔註31〕田書峰，〈亞里斯多德論第一推動者與神的關係〉，頁 178。
〔註32〕田書峰，〈亞里斯多德論第一推動者與神的關係〉，頁 178。

至福的思想生活等同神的結論。

　　因此，《莊子》「天道」作為永恆天穹運動的目的因，才是永恆天穹運動動力因的原因。沒有目的因，則推動永恆運動的動力因原因無法得到解答。所以，唯有《莊子》「天道」必然是有理性思想的造物者；祂等同天主，作為永恆天穹運動的目的因，永恆運動才能發生。

第七章　理智之德的德行實踐

　　有美善行為才有美善人生。為能有美善行為，不只選擇做什麼事，也要選擇如何去做；也就是應該依正當之選擇去做，不能只憑一時衝動或受情慾支配。選擇是考慮和判斷的策謀和執行，需要兩個條件配合才能正當選擇。第一是適當的導向目的者；第二是正當目的。導向目的者要靠理智善於行動的習性，因為，導向目的者的策謀和選擇，完全是理智的行動；正當目的要靠善用這種能力的習性，這屬於靈魂嗜慾部分的能力。因為，嗜慾的對象是善及目的。據此而論，自由選擇是理性的權力，但是，需要一種德行既有導向目的者之策謀；也有正當目的，此即智德。因為，依照多瑪斯，智德是「可為者之正理」（recta ratio agibilium），「可為者」，即是善於行動的能力；「正理」，即是善用這能力，而且，需要正當的嗜慾，就是對目的有正當態度。〔註1〕依照多瑪斯沒有智慧、科學和藝術，仍然能有倫理之德；但是倫理之德卻不能沒有理解和明智。因為，倫理之德是使人有善於選擇的習性，為使人能夠善於選擇，需要有兩個條件。第一是導向目的者；即善於行動的習性，這是靠理智的正確考慮、判斷和命令。第二是對目的要有正當的意向，即善用能力的習性，這是靠倫理之德，他們是靈魂嗜慾部分的能力。由於運用善行方面是屬於意志的機能，這是關於嗜慾方面的德行專有的性質。在原理的領悟上，思辨的理解即是能領悟自然就可知的原理。實踐的明智則是可為者之正理，也是對自然就可知的原理，能有領悟能力。〔註2〕

〔註1〕《神學大全》第五冊，第五十七題，第四節，正解。
〔註2〕《神學大全》第五冊，第五十八題，第四節，正解。

第一節　智德（prudentia; prudence）不只是倫理德行也是理智德行

智德是把正當的理性應用在實際行動上面。在這樣的行動上面，不僅要有理智德行所含有的德行之性質或理，而且也要有倫理德行所含有的德行之性質或理。因為，德行之性質或理，是按形式來說的，即按善的性質或理，而不是按質料來說的。按善的性質或理來看的善，則是嗜慾能力的對象。所以，在習性上使理性觀察正確，也要有正當嗜慾的搭配，才能是一種德行。

> 顏回見仲尼，請行。
>
> 曰：「奚之？」
>
> 曰：「將之衛。」
>
> 曰：「奚為焉？」
>
> 曰：「回聞衛君，其年壯，其行獨；輕用其國，而不見其過；輕用民死，死者以國量乎澤若蕉，民其无如矣。回嘗聞之夫子曰：『治國去之，亂國就之，醫門多疾。』願以所聞思其則，庶幾其國有瘳乎！」（〈人間世〉）

顏回有事向孔子辭行，孔子問顏回要去何處？顏回回答孔子自己將至衛國。孔子問顏回至衛國是為何事？成玄英疏：「衛君即靈公之子蒯瞶也，荒淫昏亂，縱情無道。其年少壯而威猛可畏，獨行凶暴而不順物心。顏子述己所聞以答尼父。夫民為邦本，本固則邦寧。不能愛重黎元，方欲輕蔑其用，欲不顛覆，其可得乎！強足以距諫，辨足以飾非，故百姓惶懼而吞聲，有過而無敢諫者也。不凝動靜，泰然自安，乃輕用國民，投諸死地也。蕉，草芥也。或征戰屢興，或賦稅煩重，而死者其數極多。語其多少，以國為量，若舉為數，造次難悉。縱恣一身，不恤百姓，視於國民，如藪澤之中草芥者也。君上無道，臣子饑荒，非但無可奈何，亦乃無所歸往也。庶，冀也。幾，近也。瘳，愈也。治邦寧謐，不假匡扶；亂國孤危，應須規諫。顏生今將化衛，是以述昔所聞，思其稟受法言，冀其近於善道。譬彼醫門，多能救疾，方茲賢士，必能拯難，荒淫之疾，庶其瘳愈者也」（〈人間世〉）。衛君荒淫無道，威猛凶暴，人民卻忍氣吞聲，不敢諫言阻止蒯瞶凶猛行為。因此，顏回將至衛國勸化衛君，俾使衛國千萬百姓早日脫離水深火熱之苦海。此處「治國去之，亂國就之，醫門多疾」，則是顏回實踐他至衛國追求己善及追求他人多數善的智德行為。這跟儒家聖賢所言「邦有道則就之，邦無道則去之」之至理，乃是反其道而

行。可是，顏回認為這就好比良醫濟世，醫門人數繁眾，才是施行仁醫仁術最好的時機；而已治之國，猶如沒人生病而門可羅雀的醫所，雖擁有超群醫術，又有何用。「願以所聞思其則，庶幾其國有瘳乎」，羅勉道云：「醫門正欲人之多疾，以行其術，猶亂國可以行其道。願以所聞於夫子者，思其治衛之法」。〔註3〕顏回雖言「思其則」，即想出對治衛君之法則，「願以所聞」，意即身為孔子門生，欲從昔往己所聞道於孔子者，思考好的對治衛君之辦法，實則是由衷表達請孔子指示可行者之道。藉由此處可知顏回的正當性乃來自「理性嗜慾能力」之行動。

筆者觀點，好的習性或能力方面，審慎考慮，判斷正確，發出命令，這種行動即是可行者之正當理性；可是，還必須含有嗜慾之正當，才能是一種德行。莊子在道德行動方面，就是關於「氣」、「精」、「神」方面的工夫實踐之行動。因為，「氣」蘊涵靈魂之「理智」部分，「精」、「神」蘊涵靈魂之「意志」與「非理性」部分。顏回將前往衛國向孔子辭行。顏回回答孔子問到衛國之行所為何事？顏回心中想法就是出於「理性慾望能力」的德行實踐。但是慾望能力只能知道意志的意向，其它則一無所知。告訴我們關於如何從現在或過去的知識去獲取未來的知識是屬於智德。王元澤云：「善養生者必自得於性命之際而無思無為也，無思無為則足以處人間應世變而憂患不足以累之。此莊子作人間世之篇而次之於養生也」。〔註4〕「無思」是「无聽之以心」，「無為」是「无聽之以耳」。無思無為則是「聽之以氣」。郭象注：「與人群者，不得離人。然人間之變故世世異，宜唯無心而不自用者，為能隨變所適而不荷其累也」（〈人間世〉）。

按質料來說，善的東西是感性認識能力的對象，雖然，也是感性嗜慾能力的對象，可是，這種按質料而來的善卻是表面善，並非真正的善。因此，不是理性嗜慾能力相稱的對象。〔註5〕

〔註3〕羅勉道，《南華真經循本》，頁56。
〔註4〕王元澤，《南華真經新傳》，《無求備齋莊子集成初編》，第六冊，臺北，藝文印書館，1972，頁82。
〔註5〕多瑪斯說：「善可有兩種解法，第一種是按質料來說，即指那善的東西或對象；第二種是按形式來說，即按善的性質或理。這種按性質或理來看的善，是嗜慾能力的對象。為此，如有某些習性能使理性的觀察正確，卻不理嗜慾是否正當，就會有較少的德性之性質或理，因為它只在質料方面指導向善；就是說，只指向那善的「東西」，而不從『善』的性質或理方面去觀察。」參閱多瑪斯，《神學大全》第九冊，第四十七題，第四節，正解。

第二節　智德是給倫理德行找出適宜的中點

　　一切德行不是屬於理智的，就是屬於意志的。屬於意志的德行就稱為倫理德行。〔註6〕倫理德行的目的，必然都能符合正當理性。所謂正當理性，譬如節德使人不可為了自己的貪慾，而偏離理性；勇德使人不可由於恐懼或膽怯，或大膽魯莽，而違背理性的正確判斷。因為，節德和勇德都必須聽從理性的指導行動。因此，在行動方面，凡事達到理性的中道，是屬於智德的事。

　　　　仲尼曰：「譆！若殆往而刑耳！

　　　　夫道不欲雜，雜則多，多則擾，擾則憂，憂而不救。古之至人，先存諸己，而後存諸人。所存於己者未定，何暇至於暴人之所行！

　　　　且若亦知夫德之所蕩而知之所為出乎哉？德蕩乎名，知出乎爭。名也者，相軋也；知也者，爭之器也。二者凶器，非所以盡行也。

　　　　且德厚信矼，未達人氣，名聞不爭，未達人心。而強以仁義繩墨之言術暴人之前者，是以人惡有其美也，命之曰菑人。菑人者，人必反菑之，若殆為人菑夫！且苟為悅賢而惡不肖，惡用而求有以異？若唯无詔，王公必將乘人而鬥其捷。而目將熒之，而色將平之，口將營之，容將形之，心且成之。是以火救火，以水救水，名之曰益多，順始无窮。若殆以不信厚言，必死於暴人之前矣！

　　　　且昔者桀殺關龍逢，紂殺王子比干，是皆修其身以下傴拊人之民，以下拂其上者也，故其君因其修以擠之。是好名者也。昔者堯攻叢枝、胥敖，禹攻有扈，國為虛厲，身為刑戮，其用兵不止，其求實无已。是皆求名實者也，而獨不聞之乎？名實者，聖人之所不能勝也，而況若乎！（〈人間世〉）

　　「譆！若殆往而刑耳」，陸西星云：「言汝殆幾於往而就戮耳，殆，危也」。〔註7〕

　　成玄英疏：「若，汝也。殆，近也」（〈人間世〉）。

〔註6〕多瑪斯說：「按《倫理學》卷二第一章說的，所有的德性都或者是智性的，或者是涵養性的。涵養性的德性全是在嗜慾部分；智性的德性，按《倫理學》卷六第一章說的，是在智性上或在理性上。所以，沒有德性是在內部的知覺能力上。」參閱多瑪斯，《神學大全》第五冊，第五十六題，第五節，反之。

〔註7〕陸西星，《莊子副墨》，頁42。

意即孔子笑說：汝往衛不但道不足以救彼，而且幾乎會受到刑戮。

「夫道不欲雜」至「何暇至於暴人之所行」，王邦雄說：「從『道』做為人間價值理序來說，是不求雜多的，因為雜多帶出紛擾，紛擾就救不了天下。自古以來最有涵養，也最有智慧的人，一定道理先存之於自身，再求存之於天下，倘若存之於自身都尚且未定，那裡會有多餘的空間，去穩住暴亂的人君呢」。〔註8〕

此段文本即是「是以聖人抱一，以為天下式」（《老子‧二十二章》）；「久矣夫丘不與化為人！不與化為人，安能化人」（〈天運〉）之義。「先存諸己」，即「抱一」；「與化為人」。「而後存諸人」，即「以為天下式」；「化人」。

「且若亦知夫德之所蕩而知之所為出乎哉」至「非所以盡行也」，此段文本即是「為善无近名，為惡无近刑」（〈養生主〉）之義。

王元澤云：「聖人無名所以無為；無智所以無得。無為則物莫不歸，無得則物莫與競。常人好名用智而所以有為有得也。有為則物不相服，有得則物必與競」。〔註9〕

人與人相處於世間，互動往來頻繁。感情事故變化多端，功名利祿沉浮無常。無形之中必然形成各種情況的利害關係及衝突對立。因此，人與人想要得到和平安樂，就要實踐「無己」、「無名」、「無功」的智德實踐工夫。「以其不爭，故天下莫能與之爭」（《老子‧六十六章》），因此，〈人間世〉寓言中的孔子「無己」因而無我，則能無思無為而無憂患之累。顏回只能做到「克己」因而有我，則不能無思無為，且有憂患之累。

「且德厚信矼」至「若殆為人菑夫」，除了自己道德敦厚，信譽實在，無與人爭的美名，值得讓人稱讚之外。同時，也能與人靈氣相感，互通流暢而無阻礙隔絕之弊。並且，與人心意相連，惺惺相惜，而無「師心」自用之偏。故能達人氣並達人心。

呂惠卿云：「且德厚信矼足以達人氣，而使不至於鄙倍；名分不爭足以達人心，而使不至於忌疑。而後可與有言也」。〔註10〕

顏回雖然「道德純厚，信行確實，芳名令聞，不與物爭」，但氣未達於外

〔註8〕王邦雄，《莊子內七篇‧外秋水‧雜天下的現代解讀》，臺北：遠流出版事業，2013，頁178。
〔註9〕王元澤，《南華真經新傳》，頁86。
〔註10〕呂惠卿，《莊子義》，頁44。

而自阻於內；心未達於外而自閉於裏，「而強以仁義繩墨之言術暴人之前者」，則陷人於邪惡之境以成全自己美善德行。此種行徑可名為「菑人」，即帶給人災害之人，人必以害災加以奉還。

郭象注：「夫投入夜光，鮮不按劍者，未達故也。今回之德信與其不爭之名，彼所未達也，而彊以仁義準繩於彼，彼將謂回欲毀人以自成也。是故至人不役志以經世，而虛心以應物。誠信著於天地，不爭暢於萬物，然後萬物歸懷，天地不逆。故德音發而天下響會，景行彰而六合俱應，而後始可以經寒暑，涉治亂，而與逆鱗迕也」（〈人間世〉）。

成玄英疏：「繩墨之言，即五德聖智也。回之德性衛君未達，而強用仁義之術行於暴人之前，所述先王美言，必遭衛君憎惡，故不可也」（同上）。

劉文典案：「『術暴人之前者』，義不可通。『術』，碧虛子校引江南古藏本作『銜』，義較長。今本『術』字疑是形近而誤」。〔註11〕

釋「未達人心」，即是「无聽之以耳而聽之以心」（〈人間世〉）之義，亦即僅「聽之以耳」未達「聽之以心」。

釋「未達人氣」，即是「无聽之以心而聽之以氣」（同上）之義，亦即僅「聽之以心」未達「聽之以氣」。

「且苟為悅賢而惡不肖」至「必死於暴人之前矣」，陸西星云：「夫彼衛君者，苟知悅賢而惡不肖，則彼國自有賢者可用，惡用汝求其有以異而自售乎？惟汝不待詔而自往，彼將乘汝之輕身而以智巧鬭汝求勝，汝於此時，目將熒熒焉而眩惑，色將靡靡焉以求平，口將營營焉以自解，容將踖踖焉以為恭，心且曲曲焉以順成。夫彼方鬭捷而汝以是成之，則捷者愈捷，是以火救火，以水救水，轉增其勝而已。始來成順如此，後來愈益無窮，不知所止矣。夫君子之於君也，未信則以為謗己也。若殆以不信厚言，則交淺言深，必死於暴人之前矣。所謂殆往而刑耳，以此」。〔註12〕

衛君若有悅賢惡不肖之胸襟，將以禮相求，何待汝自往。無詔自往，不言則已，有言進諫，彼將強辯以求勝，這個時候，汝將目眩不敢視；悅色不敢抗，口自解不暇，容顏形儀順從恭維，心且失守以成其所妄為，這是以火救火，以水救水，方法錯誤，不但無益，反而有害，自此以往，必禍患無窮，衛君沒有以信厚待汝，而與之言，汝必死於暴人之前。

〔註11〕劉文典，《莊子補正》，頁111。
〔註12〕陸西星，《莊子副墨》，頁42。

「且昔者桀殺關龍逢」至「而況若乎」，趙以夫云：「龍逢、比干忠諫被殺，是不與其名也。叢枝、胥敖、有扈用兵交爭，為堯、禹所攻，是不與其實也。名實者，聖人且不能勝，汝乃欲正衛君乎」。〔註13〕

孔子遂舉昔龍逢、比干修身以拊人之民，因有美名，而被桀、紂陷害，此好名之過，以證「德蕩乎名」之義。蕃國叢枝、胥敖、有扈三國之君，好動干戈，互相征伐，非使境土丘虛，民死成厲，宗廟頹圮，身受刑戮而後止。堯、禹猶不能化，故興兵攻伐，此好實之過，以證「知出乎爭」之義。

郭象注：「惜名貪欲之君，雖復堯禹不能勝化也，故與眾攻之。而汝乃欲空手而往化之以道哉」（〈人間世〉）。

人的肉體感官認識能力和嗜慾能力，是人性喜好物慾的自然天性，與沒有理性的動物沒有差異。而且，人性非恣慾而已，亦好虛名，即在乎好名聲，此即好名的意思。甚至，非徒喜好虛名，更愛貪圖實利。因此，《莊子》引歷史有名的具體事例，來說明人為追求名實的可怕，就是聖人也難以抗拒。古今共鑒，這是任何人都曉得的道理。寓言中孔子舉關龍逢、王子比干之好名；堯攻叢枝、胥敖以及禹攻有扈，即是求實爭利的範例。挪揄顏回「而獨不聞之乎？」意謂天下唯獨汝不知之謂，「而」通「汝」。所以，名實的利害，聖人也不敢大意，「而況若乎？」

理性嗜慾的對象是真正的善和目的，可是，沒有理智的指向，他並無法確定真正的善和目的在何處。因為，高級嗜慾推動低級嗜慾，而高級嗜慾只能隨著低級嗜慾所提供的表面善和目的作為追求的對象。然而，對於低級嗜慾所提供的對象，並不是理性嗜慾的相稱對象。因此，理性嗜慾所追求的真正善和目的，必須藉由理智機能來提供。而藉由理智所提供的對象，才是理性嗜慾所追求的相稱對象。所以，理智並不是為理性嗜慾指定目的，而是為理性嗜慾提供真正的善和目的適宜之中點，才能使理性嗜慾所追求的對象是真正的善和目的。據此，理智是導向目的者，而理性嗜慾才是導致目的者。〔註14〕

〔註13〕褚伯秀，《南華真經義海纂微》，頁142。
〔註14〕多瑪斯說：「決定一個人應該怎樣，並用什麼方法，才能在行事上達到理性的中道，這卻是屬於智德的事。因為，雖然達到中道是道德涵養性德性的目的；可是，只有把那些指向目的者都加以正當的安排，才能找到這中道的。」參閱多瑪斯，《神學大全》第九冊，第四十七題，第七節，正解。

第三節　智德是一種特殊德行

對於同一件事，可以按照不同的理或觀點，而成為不同種的習性之行動的對象，以及不同種的能力的對象。如果這種習性之行動及能力又是一種好的習性之行動及能力，它也就是一種特殊的德行。

> 雖然，若必有以也，嘗以語我來！」
>
> 顏回曰：「端而虛，勉而一，則可乎？」
>
> 曰：「惡！惡可！夫以陽為充孔揚，采色不定，常人之所不違，因案人之所感，以求容與其心。名之曰日漸之德不成，而況大德乎！將執而不化，外合而內不訾，其庸詎可乎！」
>
> 「然則我內直而外曲，成而上比。內直者，與天為徒。與天為徒者，知天子之與己皆天之所子，而獨以己言蘄乎而人善之，蘄乎而人不善之邪？若然者，人謂之童子，是之謂與天為徒。外曲者，與人之為徒也。擎跽曲拳，人臣之禮也，人皆為之，吾敢不為邪！為人之所為者，人亦无疵焉，是之謂與人為徒。成而上比者，與古為徒。其言雖教，讁之實也。古之有也，非吾有也。若然者，雖直不為病，是之謂與古為徒。若是則可乎？」
>
> 仲尼曰：「惡！惡可！大多政，法而不諜，雖固亦无罪。雖然，止是耳矣，夫胡可以及化！猶師心者也。」（〈人間世〉）

「雖然」至「其庸詎可乎」，趙以夫云：「汝欲往，必有道，試以語我。回告以端虛、勉一，夫子以為不可，衛君驕矜肆欲，朝夕以善言漸漬，猶且不入，況遽欲正之？彼既執而不變，汝將外與之合而內不敢議，斯尤不可矣」。〔註15〕

顏回「將之衛」，特向夫子辭行，且願以所聞之於夫子者，作為對治衛君之法。孔子雖然取笑顏回「若殆往而刑耳」，但是，孔子對顏回「汝欲往，必有道」，卻感到無比期待。因此，就請顏回嘗試將「有以」，說出來聽聽看。顏回便將勸化衛君的行動腹案陳述一遍。「端而虛，勉而一」，歷代注疏家並沒有針對「虛」和「一」兩個核心概念著力。

譬如羅氏釋為「端正而謙虛，所以盡乎己；黽勉而專一，所以入乎人」。〔註16〕

〔註15〕 褚伯秀，《南華真經義海纂微》，頁142。
〔註16〕 羅勉道，《南華真經循本》，頁58。

只有呂惠卿釋為「端而虛非至虛也，勉而一非至一也」。〔註17〕其指「虛」為「至虛」和「一」為「至一」始呼應後文「心齋」之「虛」和「一」。

孔子嘆氣一聲，怎可，上「惡」字，嘆聲，下「惡」字，怎之意。衛君以志得意滿的態勢充分表現在行為上，「陽為」，恣意妄為而且明目張膽之意。喜怒無常，左右之人莫敢違逆，助紂為虐，權臣因阿諛言語以成案，肆加貶抑以求歡心。浸淫日久，縱使有心之人循漸善誘，望其聞過自新，而漬積之小德尚不能成，而況驟然勸諫望其頓然醒悟之大德？孔子指顏回「端而虛，勉而一」的德行實踐，「端而虛」是固執「實有」而非「虛無」。「勉而一」是「不與化為人」（〈天運〉）而非「與化為人」（同上）。因此，只能表面勸諫而已，而內在並沒有詆諆勸化之堅定意志，庸詎可成其德。

「然則我內直而外曲，成而上比」，憨山大師云：「此顏回聞夫子之言，以端虛勉一，必不能行。又思其則，以內直外曲，上比古人。挾此三術以往，其事必濟矣」。〔註18〕

「內直」，即是後文「與天為徒」，內直以順乎天。

「外曲」，即是後文「與人為徒」，外曲以從乎人。

「成而上比」，即是後文「與古為徒」，引成說以合上古。

「內直者」至「是之謂與天為徒」，羅勉道云：「天子與己皆天之所子，是己與天子皆子而已，何能相勝？而獨以己言求人之從，是己乃勝於天子邪？若能知此理，而不以己勝則全天，所以皆相子之意，故曰『若然者，謂之童子』。言尚如童子時，未分是非也。此之謂與天為徒」。〔註19〕

「知天子之與己皆天之所子」，即「以道觀之，物无貴賤；以物觀之，自貴而相賤」（〈秋水〉）之義。「童子」，與「含德之厚，比於赤子」（〈老子・五十五章〉）之「赤子」義同。

「外曲者」至「是之謂與人為徒」，憨山大師云：「外曲者，曲盡人臣之禮也，不失其儀，又何疵焉」。〔註20〕

外在行為合乎禮儀，周旋於人事之間，委曲以求全。

釋「擎跽曲拳」，陳壽昌云：「擎，執笏。跽，跪也。曲拳，鞠躬也」。〔註21〕

〔註17〕呂惠卿，《莊子義》，頁44。
〔註18〕憨山大師，《莊子內篇憨山註》，頁303。
〔註19〕羅勉道，《南華真經循本》，頁56。
〔註20〕憨山大師，《莊子內篇憨山註》，頁304。
〔註21〕陳壽昌，《南華真經正義》，頁55。

眾人所行之禮儀，必恭敬從命，行禮如儀，與人無異。人所為皆眾人曾經所為，人便無被人挑剔的毛病。

「成而上比者」至「是之謂與古為徒」，羅勉道云：「舉古人之成說以告之，其言不過誦說教詔，而實所以為箴規。蓋以此乃古人所有之言，非吾所有也。如此則雖直，不至為害，此之謂『與古為徒』」。〔註22〕

寄寓古人成說，稽古為訓，即「法先王」之義。「教」，有教學相長，互相砥礪之義。「譎」，同譎，含有責咎規諫之義。雖然實質上是責咎規諫的用意，卻使人聽起來只有懃懃勉勵的成分。若是如此，由於言有徵信而不以言為謗，雖直率並不會成為入罪的把柄。

「若是則可乎」至「猶師心者也」，俞樾謹按：「政字絕句。大多政者，郭注所謂當理無二而張三條以政之也。法而不謀四字為句。列禦寇篇，形謀成光，釋文曰：謀，便僻也。此謀字義與彼同，謂有法度而不便僻也」。〔註23〕

「便僻」有花言巧語，奉承阿諛的意思。顏回「思其則」，再以「內直」、「外曲」、「成而上比」三術進言，或可免於暴人之菑而勸化？孔子嘆其必不可。正人之術太多，只是法度適當，沒有便僻毛病，雖然穩固而可以免罪。比起強行進言規勸而受暴人之菑已非可同日而語。雖然這樣，能力所及只能是如此而已，胡可達到化人的境域？謂顏回一樣是「師心」者。猶自以心為師之謂，固不能化暴於無迹。

林雲銘云：「安可以及人而化之，使彼忘其進言受言之迹，猶自以心為師而有得乎？既不能化暴，雖往衛亦無益矣」。〔註24〕

林氏以「以心為師」，釋「師心」，而「以心為師」便是容心，則非自然而無迹。

筆者觀點，「止是耳矣」和「猶師心者也」二句，是與後文「聽止於耳」和「心止於符」二句對應。「耳」是純粹的感覺器官，是接觸外界與料的作用器官。「心」的機能則較複雜，感官認識能力終止於內感官，亞維采那認為有五個內部感官機能，即共同感官、想像力（imaginativa）、構想力（phantasia）、估量力和記憶力。〔註25〕多瑪斯則把想像力（imaginativa）與構想力（phantasia）

〔註22〕羅勉道，《南華真經循本》，頁60。
〔註23〕俞樾，《莊子平議》，頁332。
〔註24〕林雲銘，《莊子因》，頁39。
〔註25〕《神學大全》第三冊，第七十八題，第四節，反之。

合併，認為只須有四個內部感官能力。〔註26〕莊子之心有兩種分法，一種指向內外感官之綜合運作，即「心知」之使用，亦即「心使氣曰強」（〈老子·五十五章〉）之義。另一種指向「心靈」，即「氣」、「精」、「神」之工夫實踐，亦即「專氣致柔，能嬰兒乎」（〈老子·十章〉）之義。莊子「氣」、「精」、「神」蘊涵莊子之「魂魄」，莊子「魂魄」與多瑪斯靈魂不相等。但是，莊子「氣」、「精」、「神」蘊涵靈魂理性部分與非理性部分。因此，氣蘊涵理智，神蘊涵意志。「心靈」，即指心和靈魂。心靈能思維一切，心靈自身就是思維的對象。有質料的東西不可能存在心靈之中，心靈本身是形式而沒有任何質料存在其中，心靈對於質料而言，即是以一種潛能狀態屬於它們。因此，心靈本身在沒有思想的時候等於就是一塊沒有書寫任何東西的白板。心靈與感官不同，感官對於太過於強烈的對象會產生麻痺而失去該有的感覺；但心靈對於太過於強烈的思維對象卻反而加強這種思維能力。〔註27〕這種結論即印證「五色令人目盲，五音令人耳聾，五味令人口爽，馳騁畋獵令人心發狂」（〈老子·十二章〉）的講法。河上公章句云：「人精神好安靜，馳騁呼吸，精神散亡，故發狂也」。〔註28〕發狂，即指心靈太過亢奮而不能收斂。心靈純粹則心靈與心靈作為被思維的對象是同一的，這樣的狀態即歸於靈魂理智的「純氣之守」（〈達生〉）。理智所提供的對象，對於意志來說，即是相稱的善與目的。故「純氣之守」則使神「藏於天」（〈達生〉），故能「其天守全，其神无郤，物奚自入焉」（〈達生〉）。因此，「解心釋神」，即是心靈不受係於有形之質料，則人不為心所係，則神不拘於感官嗜慾的誘惑，而能發揮理性嗜慾的趨使，以相稱的善與目的作為意志的對象。

　　智德是一種特殊德行，不只是從質料方面來說，即指那善的東西或對象；而且，是從形式方面來說，即指那善的性質或理。因為，同樣一個東西，可以按照不同的理或觀點，而成為不同種的能力之對象。但是，不同種好的能力內，可以有幾種好的習性。因此，智德是一種特殊德行。〔註29〕

〔註26〕《神學大全》第三冊，第七十八題，第四節，正解。
〔註27〕亞里斯多德，《亞里斯多德全集·論靈魂》，苗力田主編，頁76。
〔註28〕河上公，《老子道德經河上公章句》，頁45。
〔註29〕多瑪斯說：「智德之有別於道德涵養性的德性，是由於分別能力的形式之理或觀點：一是理智能力，在其內有智德；一是嗜慾能力，在其內有道德涵養性德性。為此，很顯然的，智德是一種特殊的德性，與所有其它的德性不同。」參閱多瑪斯，《神學大全》第九冊，第四十七題，第六節，正解。

第四節　智德是既真實且完美的明智

由於智德是從人的整體生活的良好目的著眼，考慮正確，判斷無誤，而且有效命令，唯有這樣的智德才是單純或絕對的明智，這種智德不可能存在於罪人身上。

> 顏回曰：「吾无以進矣，敢問其方。」
>
> 仲尼曰：「齋，吾將語若！有心而為之，其易邪？易之者，皞天不宜。」
>
> 顏回曰：「回之家貧，唯不飲酒不茹葷者數月矣。如此，則可以為齋乎？」
>
> 曰：「是祭祀之齋，非心齋也。」
>
> 回曰：「敢問心齋。」
>
> 仲尼曰：「若一志，无聽之以耳而聽之以心，无聽之以心而聽之以氣！聽止於耳，心止於符。氣也者，虛而待物者也。唯道集虛。虛者，心齋也。」
>
> 顏回曰：「回之未始得使，實自回也；得使之也，未始有回也；可謂虛乎？」
>
> 夫子曰：「盡矣。吾語若！若能入遊其樊而無感其名，入則鳴，不入則止。無門無毒，一宅而寓於不得已，則幾矣。
>
> 絕迹易，无行地難。為人使易以偽，為天使難以偽。聞以有翼飛者矣，未聞以无翼飛者也；聞以有知知者矣，未聞以无知知者也。瞻彼闋者，虛室生白，吉祥止止。夫且不止，是之謂坐馳。夫徇耳目內通而外於心知，鬼神將來舍，而況人乎！是萬物之化也，禹舜之所紐也，伏戲几蘧之所行終，而況散焉者乎！」（〈人間世〉）

「顏回曰」至「心齋也」，顏回見衛君無道，欲就之衛，而以孔門醫疾之則救治，庶幾衛國有瘳。孔子嘆氣曉以至人之道與德知蕩出乃名器軋爭的至理；若未達人氣和人心即高舉仁義昭告於人便是災人的行為，害且「益多」，殆而必死。

成玄英疏：「顏生三術，一朝頓盡，化衛之道，進趣無方。更請聖師，庶聞妙法」（〈人間世〉）。

顏回向孔子呈上「端而虛，勉而一」的意見，孔子認為端則無虛，勉則不一；因為有心則難虛無法達人心，有為則非一，無法達人氣。因此，顏回才

再提出三種作為，第一種「內直者，與天為徒」。第二種「外曲者，與人為徒」。第三種「成而上比者，與古為徒」。對這三種謀略，孔子亦持反對態度，以「太多政，法而不諜」，正人法則太複雜而不當之謂。「猶師心也」，仍舊執著於「以心為師」之謂。最後顏回沒有更好計策，只好求教於孔子。孔子則說齋戒吧！我就教你。因為，有心而為，就無法達人心與達人氣，怎麼能施以化導之方呢？強施以化導給予人者，自然不宜。

釋「皞天不宜」，郭象注：「以有為為易，未見其宜也」（〈人間世〉）。

玄成英疏：「《爾雅》云：『夏曰皓天。』言其氣皓汗也。以有為之心而行道為易者，皞天之下，不見其宜。言不宜以有為心齋也」（〈人間世〉）。

顏回自稱「已齋數月矣」，孔子告之，齋戒非祭祀之齋，是「心齋」。顏回聽了便大膽問孔子，何謂「心齋」？

釋「心齋」，呂惠卿云：「仲尼謂顏回，凡事有為而為之，未有易而無難者。心齋者，無思無為而復乎無心也，非一志不足以告此。無聽於耳而以心，則聽無聞矣。無聽於心而以氣，則心無知矣。聽無聞而止於耳，心無知而止於符。虛以待物，唯氣而已。唯道集虛，此所以復乎無心也」。〔註30〕

「若一志」，「志」，即「志願」，即「願意」。汝「願意」相信造物者「一」之謂。因為，神之「意向」雖然指向最終目的與善。可是，神之「意向」卻不知這個對象在何處。因此，最終目的與善，是「理智」認識能力的對象，也唯有「氣」之理性認識機能，才能指向這個最高對象。「耳」是感官器官，只能認識質料的東西或對象。「心」偏向與內外感官共同作用，也只能認識質料的東西或對象。雖然，莊子之心有兩種分法，一種指向內外感官之綜合運作，即「心知」之使用。另一種指向「心靈」，即「氣」、「精」、「神」之工夫實踐。但指向「心靈」的「心」，也須要「清」與「靜」，即「成和之脩也」（〈德充符〉），使「心」如水之平靜而「內保之而外不蕩也」（同上）。

「无聽之以耳而聽之以心，无聽之以心而聽之以氣！聽止於耳，心止於符」，「无聽之以耳」，「耳」指感官慾望能力。「聽之以心」，「心」指內部感官知覺能力。「无聽之以心」，「心」指感官慾望能力。「聽止以耳」，「耳」指感官知覺能力。「心止於符」，「心」指內部感官知覺能力。內外感官知覺能力之習性只是相似於自然本性，並非完美之行動而與德行無關。因此，「若一志」，「志」，即「志願」，即「願意」。由「氣」之理性認識機能導向這個最高對象，

〔註30〕呂惠卿，《莊子義》，頁 46。

使神之「意向」，趨向最後目的之「一」。則任何感官慾望能力，都不能用事，唯有聽從靈魂有理性部分之機能的指導行動。故只能感官知覺能力「聽之以耳」之「聽止於耳」，和「聽之以心」之「心止於符」，便不會阻撓氣的「一志」之活動。所以，「耳」、「心」屬於感官慾望機能的作用，都必須摒除。則神之「意向」，始能服從「氣」之指示而行動。

筆者觀點，「无聽之以耳而聽之以心，无聽之以心而聽之以氣！聽止於耳，心止於符」，與「无視无聽」（〈在宥〉）義同，「視」、「聽」，雖是感官經驗的能力，可是，並非指感官知覺認識能力，而是指感性慾望的能力。因為內部感官知覺能力，與德行無關，沒有任何德行出自這部分的機能或習性。學道的不二法門，就是把握莊子「氣」、「精」、「神」與形體的完美結合。這與西方古典倫理學的人觀，人是靈魂與肉體結合的複合體理念完全一致。莊子學道的工夫實踐，猶如西方古典倫理學的德行實踐一樣，最終目的都是成為能與最高至善合一的聖人。換言之，莊子工夫這門學問也是目的論和幸福論的德行倫理學。

「顏回曰」至「可謂虛乎」，林雲銘云：「使，即下文『天使』、『人使』之義，猶言用也。未得用之時，實自成其為回，猶有己之見存也。不見有己，動之以天也。因夫子虛而待物之語，從待物上驗虛，思所以存諸人也」。〔註31〕

顏回「未始得」心齋之教，未能忘己，故「實自回」，而「人使」。已「得」心齋工夫修養，顏回頓時忘己，故「未始有回」，而「天使」。這樣「可謂虛乎」。

「夫子曰」至「未聞以无知知者也」，孔子見顏回道的工夫修養境界，已經得心應手。驗證顏回已達到「未始有回」集虛待物工夫修養階段，所言亦皆順理成章，始允諾顏回入遊樊籠一展抱負，仍諄諄教誨切勿執著虛名和求實。因為有心有為，必有形迹。無心無為，則無形迹。無形迹以應世，使無機可乘，便可無「菑」無災。而以無心無為為宅居，寓此一宅於不得已之中，則人間世行道幾近而得。

林希逸云：「人世如在樊籠之中，汝能入其中而遊，不為虛名所感動有迹則可，名纔至有迹則是動其心矣。處世無心則無迹，無迹則心無所動，故曰遊其樊而無感其名」。〔註32〕

〔註31〕林雲銘，《莊子因》，頁40。
〔註32〕林希逸，《莊子鬳齋口義校注》，頁63。

為人使則受於人慾的羈絆，好名求實，難免偽詐欺世。為天使則不受人慾的約制，能脫離肉體的束縛，超越名實之累，氣化流行而與造物者冥合，方無機詐取巧和虛偽造作。

陸西星云：「如人行地而不見其有行地之轍迹則甚難耳。所以難者，天使不可以偽為也。若為人使而不知有天則全以世情起見，矯情飾貌易以偽為。天使則行止語默，渾然全在自然之中故難以偽為，難以偽為則一毫智力皆不得以與乎其間。是謂以無翼而飛；以無知而知者。此等之人聞見罕儷，處人間世者到此方為庶幾。大抵只一虛此心焉盡矣」。〔註33〕

為人使則有心有為以待物，而易以「偽為」。只能有翼而飛，有知而知。無法無翼而飛，無知而知。為天使則無心無為以待物，而難以「偽為」。不僅有翼而飛，有知而知。且能無翼而飛，無知而知。

沈一貫云：「大凡周旋於人道之中而事求可功求成者，此則為人使而易以偽。若純是德性用事而前無將後無迎，此則為天使而難以偽為，天使者以無為為，以無言言，以無知知。猶之以無翼飛者也，不絕迹而行地者也，可不謂難哉。苟能如是無往而非吉祥善事矣」。〔註34〕

西方認識論有所謂認識主體與認識客體的理論架構。在中國知識論從未被重視。大抵上，中國古代哲學家都將知識論或存有論與倫理實踐融合在一起，而將德性知識，提高到物我混然為一的工夫境界，作為實踐的目標。中國宋代哲學家多有這種思想傾向，包括代表儒家理學濂、洛、關、閩的周敦頤、程頤和程顥、張載、朱熹；儒家心學的陸象山、王陽明。〔註35〕

現代是科學極發達的時代，先秦發展起來的哲學體系，對於道德實踐的說法，其實並不落伍。因為不管是孔子的「天」、《老子》的「自然」，以及《莊子》的「天道」，都是已經超越哲學理性極限，而達到神學信仰或啟示的範域。

「瞻彼闋者」至「而況散焉者乎」，羅勉道云：「瞻彼門闋之內有室，猶人身之有心也。虛室無蔽礙則自然生白，而百禮萃止。虛心無蔽礙，則自然光明，而萬善凝止。止止者，止而又止也。陰陽者，流飛九星，而以中宮得白為吉祥，亦取其虛空無礙也。比心放縱，不知所止，則身雖靜，而心不靜，故謂之坐馳。耳目本外而徇之於內，心知本內而黜之於外，惟虛而已。如此則

〔註33〕陸西星，《莊子副墨》，頁 46。
〔註34〕沈一貫，《莊子通》，頁 134。
〔註35〕陳福濱，《中國哲學史講義》，臺北：至潔有限公司，2014，頁 247。

鬼神將來與我並處,而況人乎!『舍』字應前『宅』字。前虛心之道,乃萬物之所由以感化也,乃禹、舜之所以為樞紐也,伏羲、几蘧所行以終身也,而況衛君不過散雜之人耳,何難化之有?如言散卒、散馬不與正收」。〔註36〕

「夫徇耳目內通而外於心知」,即是「若一志,无聽之以耳而聽之以心,无聽之以心而聽之以氣」之義。這種「聽之以氣」,就是「虛而待物者也」。但是,「心齋」的目的是「唯道集虛」,卻是包含本性和超性的倫理工夫修養。因為,「鬼神將來舍」,是本性和超性倫理的關鍵地方。

依照多瑪斯智德或明智的說法有三種:第一「虛偽的智德」。第二「不完美的智德」。第三「既真實又完美的智德」。「虛偽的明智」雖然也是為達到一個善的目的而能妥善處理,但目的的善並非真善而是不良的目的。「不完美的智德」則是目的的善只是個別事務的善,並非以全部人生作為目的的善。或是目的的善雖是全部人生的善,可是缺乏下一個有效命令。「既真實又完美的智德」則是目的的善已是全部人生的善,而且審度周密,正確判斷,並能有效命令。〔註37〕

〔註36〕羅勉道,《南華真經循本》,頁62。

〔註37〕對於罪人是否擁有智德?多瑪斯說:「智德或明智的說法有三種。一種是虛偽的智德,是一種比擬的說法。既然智者是那把一切為了達到一個善的目的所應做的事,加以妥當處理的人;所以,那為了一個不良的目的,而善於處理一切適合於此目的之事者,便有虛偽的智德,這是因為他當作目的之事物,不是真善,而只是好像是善,譬如說:一個人是『善』或『好』竊盜(善於竊盜者或竊盜好手)。如此也可以用比擬的說法,稱那想出適宜於竊盜的方法者,為明智的(精明的)竊盜。這就是宗徒在《羅馬書》第八章6節裡所說的智德或明智:『肉性的明智,即是死亡』,因為它以肉體的享受當作最後的目的。第二種智德或明智固然是真的智德,因為它想出適當的方法,去達到一個善的目的;可是它並不完美,這是為了兩種理由。第一,因為它所當作目的的善或利益,不是全部人生的一般善或利益,而只是其一個別事務的善或利益;譬如說,如果一個人想出適當的方法去做生意,或者去航海,他便可以稱為一個明智的商人,或一個明智的海員。第二,因為他沒有做到智德最主要的行動,例如:一個人雖然就是關於他全部生活的事,也能審度周密,判斷正確,可是他卻沒有下一個能發生效力的命令。第三種智德是又真實又完美的智德,因為關於全部生活的良好目的,它周密地審度,正確地判斷,且能有效地命令。只有這樣的智德才是所謂單純或絕對的智德,這種智德不是罪人所能有的。至於那第一種智德,則只是罪人的智德;而那種不完美的智德,則為善惡兩種人所共有,尤其是那種由於是為一個個別的目的,而為不完美的智德。因為那種由於沒有做到智德的主要行動,而為不完美的智德,也只為惡人所有。」參閱多瑪斯,《神學大全》第九冊,第四十七題,第十三節,正解。

　　《莊子》智德在〈人間世〉顏回憂衛國「死者以國量乎澤若蕉，民其无如矣」，欲就之衛而向孔子辭行這則寓言生動的情節當中，已充分滿足多瑪斯智德各種必要條件。其中最大的關鍵處，除了孔子一一點出顏回智德實現活動系列，肯定出現破綻的地方而給予批判。

　　例如「所存於己者未定，何暇至於暴人之所行」，林云銘云：「不虛則不一。不一則存於己者未定」。〔註38〕道集於虛，虛則道。

　　又如「是以人惡有其美也，命之曰菑人」，林云銘云：「即德不蕩而知不出，無名爭之凶，但未體貼人情，而強述正言於暴人之前，則形其短，使彼不能堪，反以我言為菑害也」。〔註39〕

　　為使人心、人氣能通達無礙，內外無阻，必須「周密審度」所存之法。以「先存諸己而後存諸人」的「普遍原則」，則「體貼人情」屬於個別事物，即所以存之法。因為智德是將普遍原理，應用於個別事物。

　　廖申白說：「明智也不是只同普遍的東西相關。它也要考慮具體的事實。因為，明智是與實踐相關的，而實踐就是要處理具體的事情」。〔註40〕

　　此外。就是提出「唯道集虛，心齋待物」，以解決顏回所面臨的困難。這個錦囊完全將顏回僅作為一個個別事物的善或利益，而為「不完美智德」的實踐，提升到作為顏回生命之中全部生活的善或利益，則是「既真實又完美的智德」之實踐。

　　最後顏回也下有效命令，實現錦囊所教導的工夫修養。智德實踐必須從事既真實又完美的道德實踐，才是出於理性的明智。否則就是保羅於《羅馬書8：6》所說的：「體貼肉體就是死；體貼聖靈就是生命和平安」。體貼肉體就是肉體的明智。當明智以肉體的快樂為最終的目的就是死罪。因此，智德實踐要以「聖人無名」作為準則。因此，「唯道集虛，心齋待物」的處世智慧，作為《莊子》智德的核心價值，值得探討。

　　多瑪斯說：

　　　　智德是一種應用於行為的正確理智（行為的正理）。〔註41〕

　　多瑪斯以智德為最尊貴的四德之首，以靈魂有理智的部分為其主體。雖

〔註38〕林雲銘，《莊子因》，頁 36。
〔註39〕林雲銘，《莊子因》，頁 36。
〔註40〕廖申白，《尼各馬可倫理學》，北京：商務印書館，2003，頁 176。
〔註41〕《神學大全》第五冊，第五十七題，第四節，正解。

然《莊子》「心齋」在〈人間世〉，是為解決顏回救國救人外王事業，處於兩難窘境之下，而展開的序曲。表面看來，與多瑪斯「行為的正理」，非同一層次的問題，但《莊子》的理路，卻是基築於多瑪斯「行為的正理」相同層次的倫理實踐，而再向上發展的工夫修養。

王元澤云：「道集於虛而生於一，一者道之妙本矣。夫能抱一則足以為天下式」。〔註42〕

至人無己而志一，虛懷若谷，心無執著而清靜無為，唯道歸集，便能心齋待物。「是以聖人抱一為天下式」（《老子·二十三章》）。

因此，「心齋」是一氣流行，集虛待物的實踐智慧。而且，《莊子》實有先見之明，預見人間世充斥著人際間為名利而追逐的對立關係。處世智慧的工夫修養，必從己身德行的建立開始。而後才能擁有對家庭，以及對國家的管理智慧。先從最低的個人，層層向上追溯到社會國家以謀取最大利益。

所以，智德的實踐，管理自己是各種智德實踐的基礎。自己無法實踐「所謂的一般智德」，還能奢談其他的智德實踐？〔註43〕

「聽止於耳，心止於符」，乃《莊子》對於人面對真實世界的知識論論證。因為，外感官的經驗對象和內感官的抽象概念，是形成人認識與生存活動不可或缺的必要條件。但《莊子》道德理論根源於天道的思想，使得知識論論證，必須有向上之道作為保證，才符合實在論的系統架構。因此，《莊子》更進而提出存有學論證的路徑與方法。「聽之以氣」，則是《莊子》存有學理論，以及《莊子》自然神學的起點，亦即《莊子》形上統一原理的理論基礎。《莊子》的「聽之以氣」，如何作為形上統一的路徑與方法呢？多瑪斯以靈魂是人生命的第一原理〔註44〕，《莊子》則以「氣」、「精」、「神」是人生命的第一原理。亦即「人之生，氣之聚也，聚則為生，散則為死。若死生為徒，吾又何患！故萬物一也，是其所美者為神奇，其所惡者為臭腐；臭腐復化為神奇，神奇復化為臭腐。故曰：『通天下一氣耳。』聖人故貴一」（《知北遊》）；「道沖而用之或不盈。淵兮似萬物之宗」（《老子·四章》）；「萬物負陰而抱陽，沖氣

〔註42〕王元澤，《南華真經新傳》，頁85。

〔註43〕多瑪斯說：「必然有各類不同的智德，與這些不同的目的相對。這樣，一種是所謂一般的智德，是為個人自己的利益的；另一種是『家庭的智德』，是為一家的公益的；第三種是『政治的智德』，是為城邑或邦國的公眾利益的。」參閱多瑪斯，《神學大全》第九冊，第四十七題，第十一節，正解。

〔註44〕《神學大全》第三冊，第七十六題，第一節，正解。

以為和」(《老子・四十二章》)之義。多瑪斯的「理性靈魂」(intellectual soul)
〔註45〕，屬於較高級的靈魂。《莊子》的「唯道集虛」，則「虛」才能通過層
層工夫修養，呈顯「氣」、「精」、「神」真實面目。因此，「氣」、「精」、「神」
蘊涵高級的靈魂。而「氣也者，虛而待物者也」，乃屬於最高級的氣。它沒第
二實體─肉體的我包含在內。由此路徑與方法得到氣的抽象概念就是「物」，
亦等於多瑪斯的「存有」(ens)。〔註46〕

　　《莊子》以氣來表示萬有的「物」可以補充語意學上的差異性。多瑪斯
討論德行的主體，認為德行以靈魂的機能(理智和意志)為其主體。〔註47〕
《莊子》「聽之以氣」，而「氣」、「精」、「神」的工夫修養，就是遵循氣的主張
而行動。由此推知，「氣」、「精」、「神」的靈性機能(蘊涵靈魂理性和非理性
部分)，是《莊子》德行的主體。

　　《莊子》體道工夫由本性倫理實踐作為進路的終極目的就是「鬼神來舍」。
多瑪斯倫理學由本性倫理實踐作為進路的終極目的則是聖神降臨靈魂內，使
人得到天主所賜予的「恩寵」。然而，「鬼神來舍」和「恩寵」作為目的，都是
超性倫理才能達到的界域。

　　多瑪斯說：「恩寵的效果必然使人具有智德」，沒有智德必然沒有恩寵，
而具有智德不必然擁有恩寵。〔註48〕

　　來自天主的「恩寵」概念，一種是「使人中悅天主的恩寵」指接受恩寵的

〔註45〕《神學大全》第三冊，第七十六題，第一節，正解。
〔註46〕對於多瑪斯「有」的哲學，羅光提到：「有的人認為聖多瑪斯對於形上本體論
　　　　的結構，和他在理則學關於人的智識的結構一樣，理則學關於人的智識用語
　　　　句去表達，語句的結構有主詞和賓詞，兩詞之間用『是』去連接，例如『人
　　　　是理性動物。』『是』在拉丁文為 Esse，這個拉丁詞也被聖多瑪斯用為『有』，
　　　　這樣，聖多瑪斯在形上學所用的『有』，祇是一種形式，不是實有。這種看法
　　　　很不正確，英文的是『be』，也用為有『being』；法文的是『Etre』，也用為有
　　　　『Etre』。我們的中文『有』不代表『是』，但是『有』也不代表『在』，為代
　　　　表萬有我們用有『Ens』，為代表『有』的實現行為我們『在』。『Esse』在拉
　　　　丁文裡，為表示一個『有』或中國所稱的物，則用 ens，為表示『在』的行為，
　　　　則用 esse。這種『在』，可以釋為『存有』。」參閱羅光，〈聖多瑪斯哲學的特
　　　　點〉，《哲學論集》，第 4 期，1974，頁 4。
〔註47〕《神學大全》第五冊，第五十六題，第一節，正解。
〔註48〕多瑪斯說：「所謂『凡是真理，無論是誰說的，皆來自聖神』，是說來自灌輸
　　　　自然光明，並推動人理解和講說真理的聖神；而不是來自藉使人中悅天主的
　　　　恩寵住在人內，或在人之天性以外，另賜常備恩惠的聖神。」參閱多瑪斯，
　　　　《神學大全》第六冊，第一○九題，第一節，釋疑 1.。

人與天主結合。另一種是「白白施予的恩寵」指使人協助他人歸向天主。〔註49〕

　　「恩寵」無非分有天主的性體，只有天主能使人天主化，因此，天主是恩寵唯一動因。〔註50〕

　　因此，《莊子》與多瑪斯在本性倫理方面，實踐智德所能獲得相同的效果，就是「鬼神來舍」與「恩寵」。〔註51〕

　　亞里斯多德《物理學》卷七第三章：「德性是完美者的一種配備；所謂完美者，即按天性設置的。」若恩寵指的是「使人中悅天主的恩寵」，則需要有所準備，因為恩寵以靈魂為其主體，是天主加於靈魂的另外形式，不同於德行是以靈魂之機能為其主體。若恩寵指的是「白白賜予的恩寵」，則自由意志準備領受來自天主之推動的善良行動即可。

　　　顏成子游謂東郭子綦曰：「自吾聞子之言，一年而野，二年而
　　　從，三年而通，四年而物，五年而來，六年而鬼入，七年而天成，
　　　八年而不知死，不知生，九年而大妙。」（〈寓言〉）

　　這段是描述《莊子》超性倫理實踐作為進路的工夫過程。比較多瑪斯超性倫理實踐程序也能獲得相同的效果。「鬼入」的效果即是「恩寵」的效果；「大妙」的效果即是「面見天主」的效果。

　　《莊子》超性倫理實踐的體道工夫在〈大宗師〉亦提到。

　　　吾猶守而告之，參日而後能外天下；已外天下矣，吾又守之，
　　　七日而後能外物；已外物矣，吾又守之，九日而後能外生；已外生
　　　矣，而後能朝徹；朝徹，而後能見獨；見獨，而後能無古今；無古
　　　今，而後能入於不死不生。殺生者不死，生生者不生。其為物，無
　　　不將也，無不迎也；無不毀也，無不成也。其名為攖寧。攖寧也者，
　　　攖而後成者也。（〈大宗師〉）

　　「朝徹」，乃如朝日陽光透徹。此即獲得「使人中悅天主的恩寵」，已是

〔註49〕《神學大全》第六冊，第一一一題，第一節，正解。
〔註50〕《神學大全》第六冊，第一〇九題，第一節，正解。
〔註51〕多瑪斯說：「恩寵有兩種：有時是指天主的常備恩惠；有時指天主推動靈魂行
　　　善的幫助。為得第一種恩寵，需要有所準備；因為形式只能存在於有配備的
　　　質料。若恩寵指天主推動人行善的幫助，則人不必有先於天主之幫助的任
　　　何準備；甚而該說，人本身能有的任何準備，皆是出於推動靈魂向善的天主
　　　之助佑。按這觀點，自由意志準備領受恩寵的善良行動，乃是自由意志在天
　　　主之推動下的行動；所謂人準備自己，指的就是這種行動。」參閱多瑪斯，
　　　《神學大全》第六冊，第一一二題，第二節，正解。

聖人境界。「見獨」，即「虛室生白」（〈人間世〉）；「見素抱樸」（《老子・十九章〉）；「登假於道」（〈大宗師〉）之義，已是至人境界。

《莊子》超性倫理工夫修養的理序〈大宗師〉所言甚明。

> 南伯子葵曰：「子獨惡乎聞之？」
>
> 曰：「聞諸副墨之子，副墨之子聞諸洛誦之孫，洛誦之孫聞之瞻
>
> 明，瞻明聞之聶許，聶許聞之需役，需役聞之於謳，於謳聞之玄冥，
>
> 玄冥聞之參寥，參寥聞之疑始。」（〈大宗師〉）

「玄冥」，乃「北冥有魚，其名為鯤」（〈逍遙遊〉）之地。是「朝徹」之聖人，達到「坐忘」（〈大宗師〉）境界。其「氣」、「神」、「精」，「入於窈冥之門矣，至彼至陰之原也」（〈在宥〉）。「窈冥之門」，即是「玄冥」、「北冥」之地。

「疑始」，即「泰初有无无」（〈天地〉）之「有无无」，亦即造物者「天道」。

「參寥」，即是「有无无」、「有无名」、「一」三位，亦即「天道」之三位。也即「道生一，一生二，二生三」（《老子・四十二章〉）之「一」、「二」、「三」三位。

因此，《莊子》「朝徹」，即是「神鬼來舍」，亦即「恩寵」。

「朝徹」之聖人「坐忘」，則聖人之「氣」、「神」、「精」，「入於窈冥」，此即「於謳聞之玄冥」之義。

鯤化為鵬，「徙於南冥」（〈逍遙遊〉），則聖人之「氣」、「神」、「精」，「遂於大明之上矣，至彼至陽之原也」（〈在宥〉）。

聖人之「氣」、「神」、「精」，「遂於大明之上矣」，則至陰至陽「兩者交通成和而物生焉」（〈田子方〉），而聖人「天地有官，陰陽有藏。慎守女身，物將自壯」（〈在宥〉），此處之「物」，即是「道」。此即「玄冥聞之參寥」之義，故能「見獨」。

對於凡有恩寵的人是否都有智德這個問題，多瑪斯說：

> 凡是有恩寵的，就有愛德。必然也有智德。〔註52〕

沒有智德必然沒有愛德。所以，沒有智德，便不能擁有「恩寵」。

「氣」在《老子》形上學，即是「存有」的重要概念。此即「載營魄抱一，能無離乎？專氣致柔，能嬰兒乎」（〈老子・十章〉）之義。

〔註52〕多瑪斯說：「凡是有恩寵的，就有愛德。因此，他必然也有一切其他的德行。既然智德是一種德行，所以他必然也有智德。」參閱多瑪斯，《神學大全》第八冊，第二十七題，第十四節，正解。

　　《莊子》智德以存有學─氣理論的路徑，展開〈人間世〉的實踐智慧。道即是「一」，「一」與雜多相對。類比於多瑪斯形上學存有概念，「一」即最高存有，亦即有位格的天主。

　　「氣」、「精」、「神」與「一」的關係，也可類比於多瑪斯形上學本質與存有的關係。天道「氣」、「精」、「神」即「一」，即是本質即存在。人是有位格的理性自立體，由靈魂和肉體組成第二實體，靈魂是第一實體。因此，靈魂是形式，人的肉體是質料。〔註53〕

　　多瑪斯的智德以靈魂的理智為其主體，乃最尊貴的四德之首。《莊子》智德以氣為其主體。因為，氣蘊涵靈魂理智。雖然，目前學界文獻闕如，但仍可從有關氣作為討論對象的文獻資料裡整理出蛛絲馬跡。羅光說：

> 「天」或「帝」的觀念，在《書經》和《詩經》裏已經含有抽象形上意義。《書經》和《詩經》都以「天」或「帝」為無形無像的精神體，這一精神體具有位格，因為「天」或「帝」有意志，有知識。而且這一精神體為宇宙萬物的創造者。這一個形而上的關念在中華民族的後代生活裏，常保持一貫的意義；雖然在漢代因著五行的思想，產生「五帝」的信仰，然而到唐朝和宋朝，「五帝」的信仰被於棄，唯一尊神的信仰在郊祭裏更明顯地表示出來。〔註54〕

　　中國哲學的「道」、「天」、「帝」範疇概念，皆具有創造宇宙萬物，且有位格的講法並非陌生，唯視研究旨趣方向，或避而不談，或存而不論。

　　項退結於〈中國哲學主導題材與方法論問題〉提出八項主導題材和各家研究趨向時提到：

> 一如上文所已提及，歸納出八個主導題材以後，我立刻發覺，最早期的文獻中（甲骨文）以主宰之天與大自然這二主題為主；《詩》、《書》已擴充到政治、道德、主宰之天、大自然、常道、大

〔註53〕多瑪斯解答：「一個東西憑藉什麼處於現實，便也憑藉什麼行動。身體生活首先所憑藉者，顯然是魂。既然在不同等級的生活中，生命有不同的行動表現，我們藉以行生命之各種行動的，首先是魂：我們是首先憑藉魂生存、感覺和在空間行動；同樣，也是首先憑藉魂理解。我們藉以理解的這第一個根本，稱之為智性或理智也好，稱之為智魂或靈魂也好，乃是身體的形式。這是亞里斯多德在《靈魂論》卷二第二章所提出的證明。」參閱多瑪斯，《神學大全》第三冊，第七十六題，第一節，正解。

〔註54〕羅光，《中國哲學思想史──先秦篇》，於《羅光全書》冊六，臺北：臺灣學生書局，1982，頁9。

自然與人事互相感應六個主題;《論語》與《墨子》僅取其中五個主題,即政治、道德、主宰之天、大自然、大自然與人事互相感應,而未發揮大自然常道思想(政治與道德二主題僅限於人事常道);道家典籍則表示出對道德、政治、大自然、大自然與人事的常道、宇宙根源、天地人一體這六個主題的興趣,而忽視大自然與人事互相感應及主宰之天二個主題。〔註55〕

　　然而,或未發揮,或沒興趣的主題,並不表示對這個主題的排斥或否定。譬如《莊子》的天道與主宰之天都是最高存有的造物者,等於《聖經》的天主。羅光又說:

在「道」的變化中,「道」化而有氣,氣為萬物之元,故稱為元氣。元氣週遊萬物,常存不息。人身的元氣為精神,由元氣的精神人能和萬物相通,而同化於「道」。因此,《莊子》主張墮形骸以全神,不以心知而以氣知。人若能達到全神的境界,人的氣和宇宙的氣相連,人和萬物和宇宙化而為一,絕憂慮,絕貪慾,不受任何事物的擾亂,同化於「道」之中,享受人生的至樂,成為一個真人。〔註56〕

　　在這裏羅光提到人透過「元氣」、「精神」,而能和萬物相通而「同化於道」。但這裏講的「道」,若非具有位格的最高存有,人的元氣和精神與萬物相通,且同返於道,如何可能?而這種沒有位格最高存有的哲學理論所造成的內在困難確實無法克服。

　　多瑪斯說:

道德涵養性德性的目的是人性之善。可是,人之靈性的善是根據與德性之相符合,如同狄奧尼修在《神名論》第四章裡所說的。所以,道德涵養性德性的目的必然先已在理性裡存在。……。智德就是關於這些導向目的者的,它把普遍的原則應用在可行者的個別結論上。為此,給道德涵養性德性指定目的,並不是智德的事;它只是處理那些導向目的者。〔註57〕

　　因為,智德不論在實踐理性或倫理德行,是作為導向目的者。所以,智

〔註55〕項退結,《中國哲學之路》,臺北,東大圖書公司,1991。頁10。
〔註56〕羅光,《中國哲學思想史——先秦篇》,頁17。
〔註57〕《神學大全》第九冊,第四十七題,第六節,正解。

德並不給倫理德行指示目的。

多瑪斯說：

> 依希道在《語源學》卷十裡所說的：「智者好像是一個遠眺的
> 人；因為他的目光銳利，能預見未定之事。」可是，看見不是屬於
> 嗜慾能力的，而是屬於認識能力的。〔註58〕

智德在理性內，屬於認識能力，不同於嗜慾能力；亦不同於感性能力。嗜慾能力可分為「感性慾望」（sensitive appetite）和「理性慾望」（rational appetite or intellectual appetite）。依照多瑪斯人有理性慾望和感性慾望，動物則只有感性慾望。〔註59〕

多瑪斯倫理學所謂意志（voluntas；Will），即是「理性慾望」能力。〔註60〕因為，從過去或現在預測未來的能力是理性所固有，屬於智德。由於預測未來必要經過與過去或現在有一番比較才能做得到。因此，智德在理性內。

這裏談到心知和理性。如前所言，莊子之心有兩種分法：一種指向內外感官之綜合運作，即「心知」之使用。另一種指向「心靈」，即「氣」、「神」、「精」之工夫修養。因此，心知是偏於內外感官綜合運用的作用。

因為，《莊子》氣蘊涵靈魂理智，心靈的作用，多瑪斯靈魂的理智就涵蘊於氣的工夫修養裡。此時心知的作用必須完全撤除，即「无聽之於心」（〈人間世〉）；「心无所知」（〈在宥〉）之義。使心知完全處於「必靜必清」（同上）的狀態之中，亦即「水之性，不雜則清，莫動則平」（〈刻意〉）之義。「不雜」，就是「靜一而不變」（同上）；「若一志」（〈人間世〉）之義。則「必靜必清」，是由「氣」提供給「精」、「神」這個最終目的和善的「一」。「一」，即是「天道」。

對於聽之以耳、聽之以心，到聽之以氣，徐復觀反對氣知的作用這種理論。他認為《莊子》「反心知而守氣，使人成為一純生理地存在」，是與〈天下篇〉批評慎到「至於若無知之物而已」〔註61〕沒有差別，而認為心在《莊子》

〔註58〕《神學大全》第九冊，第四十七題，第一節，正解。
〔註59〕《神學大全》第三冊，第八十一題，第一節，正解。
〔註60〕《神學大全》第三冊，第八十題，第二節，正解。
〔註61〕「故曰至於若无知之物而已，无用賢聖，夫塊不失道。豪桀相與笑之曰：『慎到之道，非生人之行而至死人之理，適得怪焉。』」（〈天下〉）徐復觀認為若莊子的心開啟不出精神生活的境界，則與慎到無異，人只是一土塊地過一種生理生活的動物。參閱徐復觀，《中國人性論史·先秦篇》，頁381。

就有「成心」、「師心」與「靈臺」、「靈府」的境界差異。因此,《莊子》的精神生活,只能落在心上,不能在氣上落腳。徐復觀說:

> 但如前所說,莊子既將形與德對立,以顯德之不同於形;則他所追求的必是一種精神生活,而不是塊然地生理生活。若此一看法為不錯,則他所追求的精神生活,不能在人的氣上落腳,而依然要落在人的心上。〔註62〕

徐復觀批判一般人對《莊子》的心有所成見是對的。因為一般人或許只知道《老子》、《莊子》對所謂身軀的「物慾」、「心知」,存有負面觀感,並持守警戒態度。但《老子》、《莊子》並沒有完全否定「心」的所有功能,對於「心」能達到「虛」、「靜」、「止」的工夫境界,仍然給予正面的看待。唯一不妥的地方,就是他如何抬舉「心」的地位,對於《莊子》道德原理都不影響。但是,貶低「氣」的角色和份量,便給自己製造理論的困難。所以,徐復觀認為「心」在《莊子》是麻煩的問題。其實,「氣」在《莊子》才是麻煩的問題。《莊子》的「氣」是他的道德理論最重要的一個範疇概念。

吳秉勳指出,《老子》、《莊子》的「氣」,是繼承春秋末年以至戰國初期思想《左傳》、《國語》的「自然之氣」的「氣」概念而發展出來的。〔註63〕

依據吳秉勳的研究,《老子》、《莊子》的「氣」,是從形下並無哲學涵義

〔註62〕徐復觀說:「因為氣即是生理作用;在氣上開闢不出精神的境界;有在人的心上才有此可能。既須落在人的心上,則他不能一往反知,而必須承認某種性質的知。就我的了解說,他的確是如此。並且他在上面所說的氣,實際只是心的某種狀態的比擬之詞,與老子所說的純生理之氣不同。這便是他和慎到表面相同,而根本不同之所在。所以在前面所引的人間世『氣也者,虛而待物者也』一句的下面,便接著說,「惟道集虛;虛者;心齋也」。虛還是落在心上,而不能落在氣上。人間世『自事其心者,哀樂不易施乎前』(92頁),這裏未嘗要去心。德充符說:『日夜相待乎前,而知不能規乎其始者也,故不足以滑和,不可入於靈府』(122頁)。郭注,『靈府者精神之宅』。成疏,『靈府者精神之宅,所謂心也』。是莊子將心尊之為靈府。達生,庚桑楚又尊之為『靈臺』。」參閱徐復觀,《中國人性論史·先秦篇》,頁381。

〔註63〕「自然之氣」氣概念的確立始於春秋末年至戰國初期。《左傳》、《國語》對於「天之六氣,地之五行」的具象描述代表那個時代對於「自然之氣」的掌握與理解。綜合言之,《左傳》、《國語》對於「自然之氣」的概念解釋,可歸納為三點:第一、「氣」是天道規律運行的環節之一。第二、「氣」並非一切事物的本原。第三、賦予「氣」物質性概念。參閱吳秉勳,〈從「氣」概念論《左傳》與《國語》之思想史意義〉,《東海大學文學院學報》第52卷,2011年7月,頁247。

的「氣」概念，轉向形上具有哲學涵義的「氣」概念發展。

陳靜美指出，從老子到莊子「氣」概念的傳承與發展，可知「氣」已提昇而為工夫修為之「氣」，莊子與老子之「氣」已然具有存有論與宇宙生成論之義。〔註64〕

依據陳靜美的研究，《莊子》的「氣」，則是從《老子》的「氣」概念給予更深更廣的挖掘耕耘，而形成「氣」思維系統體系。

鄭世根說：「即使老子論及到所謂的『氣』概念，但在整個哲學體系內並不重要。不過，到了莊子之後，『氣』概念開始脫胎換骨，變成比較完整的哲學概念。我們非常誠實的肯定老子對於『氣』概念的源流性的啟發，然而『氣』概念的真正誕生是由於莊子哲學」。〔註65〕

既然《莊子》「氣」思維系統完整而周密，而且，又是《莊子》智德修養工夫實踐的方向指引。因此，疏理出《莊子》工夫修養與具有哲學意義的氣化範疇概念就有其必要性。工夫修養和具有哲學意義之「氣」在《莊子》文本經常可以發現其蹤跡。〔註66〕

這些有關《莊子》工夫修養的「氣」，大抵上可以類比多瑪斯形上學「形式」和「現實」的範疇概念，以作為人的肉體「質料」和「潛能」運動的限定。

尤其德行實踐方面，多瑪斯倫理學靈魂理性部分，是作為智德的主體。《莊子》工夫修養的「氣」，則是作為《莊子》智德工夫修養的主體。

〔註64〕陳美靜說：「實則，依老子到莊子『氣』概念的傳承與發展，可知『氣』已漸由自然現象之氣，轉化為生命形軀之氣，再由生命形軀之氣，提昇而為工夫修為之氣，至此，『氣』已然具有存有論與宇宙生成論之義。孟子『以志帥氣』之論，使『氣』轉向道德意義發展，而莊子的『氣』論思維，則同時具有承繼性與開創性。莊子一方面傳承《左傳》《國語》之『氣』義，而有『六氣』、『天氣』、『地氣』等自然現象之氣，與『氣息』之生命形軀之氣的論述，另一方面，則又承繼老子的『氣』概念予以開展之，有其開創性之『氣』概念思維。」參閱陳靜美，《莊子「氣」概念之研究》，中國文化大學哲學研究所博士論文，2008，頁179。

〔註65〕鄭世根，《莊子氣化論》，臺北：臺灣學生書局，1993，頁6。

〔註66〕《莊子》文本中關於「氣」在以下數篇出現：〈逍遙遊〉、〈齊物論〉出現「雲氣」。〈人間世〉出現「聽之以氣」、「人氣」。〈大宗師〉出現「遊乎天地之一氣」、「陰陽之氣」。〈應帝王〉出現「合氣」、「衡氣」。〈達生〉出現「純氣」、「養氣」、「耗氣」。〈庚桑楚〉出現「平氣」。〈天地〉、〈田子方〉出現「神氣」。〈在宥〉、〈天運〉出現「雲氣」。〈刻意〉出現「邪氣」。〈知北遊〉出現「一氣」。〈至樂〉出現「本無氣」。〈則陽〉出現「陰陽者，氣之大者也」。〈秋水〉出現「受氣於陰陽」。

　　筆者認為這樣的推論，便可得出一項結論，就是《莊子》工夫修養的「氣」、「神」、「精」，蘊涵多瑪斯靈魂理性和非理性部分。更直接的講，就是「氣」蘊涵靈魂有理性部分的「理智」。

　　基於以上理由，徐復觀認為《莊子》「在氣上開闢不出精神的境界」，必然無法成立。

第八章　正義之德的倫理實踐

　　那些蘊涵正當嗜慾的德行，不只有善於行動能力的習性，而且，也能有善用善行能力的習性，他們是倫理之德，也稱為主要德行或基本德行（principal virtues）。倫理之德除智德在形式根本或主體個別質料方面，是以理智本身為根據；其他的三種倫理之德，在形式根本方面皆受理智支配，在主體方面則因個別質料分得而具有理智之理。義德以意志為其主體，因個別質料分得而具有理智之理，故為一種特殊德行；關於行動上是受形式根本之理智的支配，故為一種普遍德行。因此，所謂義德即是在行為上正當與義務之理，其善主要見於交易或分配上面，這是對外的平等關係。〔註1〕

第一節　義德（Justitia; justice）是使各得其所應得的恆常而永久的意志

　　義德是一種好的習性，使人藉以用堅定不移的意志，使各得其所應得。

　　　　葉公子高將使於齊，問於仲尼曰：「王使諸梁也甚重，齊之待使者，蓋將甚敬而不急。匹夫猶未可動，而況諸侯乎！吾甚慄之。子常語諸梁也曰：『凡事若小若大，寡不道以懽成。事若不成，則必有人道之患；事若成，則必有陰陽之患。若成若不成而後无患者，唯有德者能之。』吾食也執粗而不臧，爨无欲清之人。今吾朝受命而夕飲冰，我其內熱與！吾未至乎事之情，而既有陰陽之患矣；事若不

〔註1〕《神學大全》第五冊，第六十一題，第三節，正解。

成，必有人道之患。是兩也，為人臣者不足以任之，子其有以語我
來！」（〈人間世〉）

趙以夫云：「圖事不成，則屈辱隨之，人道之患也；圖事若成，喜懼交集，
陰陽之患也。吾所食粗糲，爨無欲清，可謂節約矣。初無內熱之病而胸中已
如焚，是不待事之成不成而二患焦於吾身，夫子何以教我」。〔註2〕

楚國令葉公出使齊國。求問於孔子：「出使齊國疑是兵革之事，若是則任
務頗煩重，甚且齊君對待使節，表面執禮實則凡事拖延阻撓。為達成使命，
子高深覺無法勝任，而感到惶恐不安。因為，曾聽先生說過，凡事不論大小，
沒有不道而能使事物懽然完成。蓋不成或成，必遺下人道之惡或陰陽之疾的
憂患。成或不成能不留下憂患的人，就只有有德的人能夠達到。自己飲食不
講究精緻華美，家中沒有求清涼的人。今朝我收到派令，下午就欲飲冰涼，
我大概已有內熱之疾的憂患。既然尚未就任，就有陰陽之疾的憂患；事不成，
也必有人道之惡的憂患。是此兩者，我受命實不足以勝任，先生可有方法賜
教予我。」

陳深云：「公謀於孔子曰：今王之使我也，其事甚重。而齊王之待使者，
亦將甚敬而不急。人之求，貌雖隆重而情實疏慢。匹夫有志，尚不可奪。而況
萬乘乎，吾恐其不能辦大事。故甚慄焉」。〔註3〕

任何人都具備意志能力，為一切利益打算，以維護自己權力。萬乘之王
不僅維護自己國家權益，且要為一切利益，而不顧正義去侵犯他國的權益。
陳深這段解釋只提到使齊所會遇到的困難，但接下來的解釋並沒有提到能解
決困難的關鍵——「寡不道以懽成」。

郭良翰云：「子高葉公之字，諸梁其名也。使諸梁者甚重，言使齊之行甚
重難也。甚敬而不急者，言待使雖有禮而所叩之事，其應常緩。匹夫之相與，
叩應之不酬，且無如之，何況諸侯乎，所以慄而懼也。子指孔子也，言孔子嘗
有教我之言曰：事無大小，鮮不言以懽洽，方得事成也。寡，鮮也；不道，不
言也」。〔註4〕

郭良翰指出「不道，不言也」。則和郭象注同，以「言」說解「道」。能言

〔註2〕褚伯秀，《南華真經義海纂微》，頁158。
〔註3〕陳深，《莊子品節》，《無求備齋莊子集成初編》，第十一冊，臺北：藝文印書
　　　館，1972，頁64。
〔註4〕郭良翰，《南華經薈解》，《無求備齋莊子集成初編》，第十三冊，臺北：藝文
　　　印書館，1972，頁236。

善道，足以「懽洽」。

藏雲山房主人云：「寡，少也；不道以懽成，未有無道而能使人懽然成事者」。〔註5〕

此處則提到使齊事重，將有人道和陰陽兩患。然而，孔子已將化解之方置於首，才叮嚀必有兩患之憂。孔子的化解之方即是「道」，即「有德者」能以「虛」的修養工夫，把使齊之事懽然洽定。

從葉公使齊這段寓言故事當中，主要角色是葉公子高，他與齊王之間的對待關係，形成道德實踐的德行場域。

依照多瑪斯，「基本德行」是倫理德行，主要有智德、義德、勇德和節德四種。那些蘊含慾望的正直之德行稱為「基本德行」。智德以靈魂理性部分作為其主體，是最尊貴的德行。義德是以靈魂理性部分的意志作為其主體。義德優越程度僅次於智德。〔註6〕

筆者觀點，這種背景的德行場域，就是典型的義德實踐。義德是敦促人的意志去實踐予人應得之物。所以，葉公子高和齊王之間的折衝協商，必然要遵行義德的要求。由多瑪斯義德定義，意志是指行為，不是指能力。義德要求「恆常而永久的意志」。一個人願意永久或經常做合乎正直的事，這是基於義德的本質所要求的。因為，永恆的意志若指永恆不衰行動本身僅能指天主而言，只有天主的意志是永恆；但如果意志不能恆常而永久，一個人只願意針對某一件事物合乎正直行為，當然並不符合義德基本要求。因此，一個人願意針對任何事物，隨時隨地皆遵行義德的要求，才是滿足義德的基本條件。〔註7〕

王邦雄說：

> 「寡不道以懽成」。郭象注云：「夫事無大小，少有不言以成為

〔註5〕藏雲山房主人，《南華大義解懸參註》，頁186。
〔註6〕潘小慧，《四德行論——以多瑪斯哲學與儒家哲學為對比的探究》，頁139。
〔註7〕多瑪斯將義德定義為「使各得其所應得的恆常而永久的意志」。多瑪斯說：「上述定義是義德的一個完備的定義；只是它列出了行為，以代替習性，因為習性是由行為來分類的，而且習性也是指向行為的。如果有人想把這定義變成一個真正定義的形式，那麼他可以這樣說：『義德是一種習性，使人藉以用恆常而永久的意志，使各得其所應得』。這與哲學家在《倫理學》卷五第五章裡所下的定義差不多相同。哲學家說：『義德是一種習性，使人藉以按照合乎正義者的選擇行事』。參閱多瑪斯，《神學大全》第九冊，第五十八題，第一節，正解。

懼者耳。」成玄英疏云:「夫經營事緒,抑乃多端,雖復大小不同,而莫不以成遂為懼適也。」郭注以「言說」解「道」,成疏以「經營事緒」說「道」,均失其義。實則「道」乃無心自然的因應處事之道,意謂沒有不依「道」而可以歡然成事的。莊子寓言,請孔子當代言人,理當從道行以成事,才可謂歡然。否則已在根本上失落了道家的價值觀點。〔註8〕

「寡不道以懼成」之「道」,王邦雄闡釋為以「無心自然」的工夫修養使於齊。「無心自然」是義德實踐能夠合乎「虛」的修養,縱使齊之待使「甚敬而不急」,事緩猶能懼適圓滿。

潘慶基云:「勉與守義而安命也,守義安命則虛矣」。〔註9〕

「虛」則無己,「虛」的義德實踐,既然是修養工夫,便是擁有恆常而永久行為的特性,而非單一事物或行為。較之多瑪斯靈魂習性養成的義德行為更為歷久彌堅。

第二節　義德不只是一種德行也是一種特殊德行

一、義德是一種德行

德行使擁有者成為善者,並使擁有者所做的事善。義德使人行動正直,並使人的行動成為善的。因此,這種與正義符合的行動,必然是一種德行。〔註10〕

> 仲尼曰:「天下有大戒二:其一,命也;其一,義也。子之愛親,命也,不可解於心;臣之事君,義也,無適而非君也,無所逃於天地之間。是之謂大戒。(〈人間世〉)

王元澤云:「命所以無間,而義所以立我。無間則不間於親,立我則能立於君。親不可違,而故曰不可解於心;君不可避,而故曰無適而非君也」。〔註11〕

「天下有大戒二」,即是說人間世的大經大法有二:一是命。一是義。命是對天而言,則親情是命中注定,於心不可解。義是對人而言,則事人猶如

〔註8〕王邦雄,《莊子內七篇·外秋水·雜天下的現代解讀》,頁201。
〔註9〕潘慶基,《南華經集註》,《無求備齋莊子集成初編》,第十二冊,臺北:藝文印書館,1972,頁233。
〔註10〕《神學大全》第九冊,第五十八題,第三節,正解。
〔註11〕王元澤,《南華真經新傳》,頁103。

事君，皆是義所當為。而且，對每一個人而言，並沒有不適用於像事君這種規格的對象。因為，古時以事君為人臣行義的第一件事。因此，事人有如事君，即是一種符合義德的行為。

陳碧虛云：「且造化之下皆係君親，無所逃於天地之間」。〔註12〕

人間世皆係君親，亦即普天之下，人所當為之義命大戒，皆適用於普羅大眾，沒有任何例外。

《釋文‧釋言語》：「義，宜也。裁制事物，使合宜也」。《莊子》義德之本質精神，遠較中國傳統義的涵義，更接近多瑪斯義德之本質定義。〔註13〕

二、義德是一種特殊德行

義德不僅是關於行動與主動者的關係，並且也是關於行動與主動者所及之人的關係。主動者對於他人方面的行動，則需要一種特殊的正直。因此，義德是一種特殊德行。〔註14〕

> 是以夫事其親者，不擇地而安之，孝之至也；夫事其君者，不擇事而安之，忠之盛也；自事其心者，哀樂不易施乎前，知其不可奈何而安之若命，德之至也。為人臣子者，固有所不得已。行事之情而忘其身，何暇至於悅生而惡死！夫子其行可也。（〈人間世〉）

劉鳳苞云：「夫子提出『命』、『義』二字，以君親並說，議論正大和平，將人道、陰陽之患一齊撇開。然此二層只是襯出『自事其心』一層，善事君親，此理顯而易見；自事其心，則微妙難窺。身以外有形之君親，不外乎忠孝之經；身以內無形之君親，不易於哀樂之境。人但知以事親、陪事君，不知二者均是陪襯下文也。以自事其心融會上二項，外則可以處人道之患，內更可以消陰陽之患，真一服清涼散，沁入心脾也」。〔註15〕

「不擇地而安之」，就是不求於心之安否。子之於親，無論情境或是非或曲折，完全沒有安與不安的衡量，一律安於大戒之命，絲毫無商量之餘地，

〔註12〕褚伯秀，《南華真經義海纂微》，頁158。

〔註13〕多瑪斯說：「人的德性是那使人的行為成為善行，並使人自己成為善人者。這正好與正義適合。因為人的行為，由於符合理性的規則而成為善行，而人的行為是根據理性的規則，成為正直的。為此，既然正義使人的行動正直，顯然它使人的行動成為善的。」參閱多瑪斯，《神學大全》第九冊，第五十八題，第三節，正解。

〔註14〕《神學大全》第九冊，第五十八題，第二節，釋疑 4.。

〔註15〕劉鳳苞，《南華雪心編》，頁 95。

亦即安於無時無地，而且無微不至以侍奉至親的行事標準。

孔子問宰我嗷嗷待哺的嬰兒在母親懷裏，為撫育子女寧可忍受身體之勞累不堪也要懷抱三年，守喪三年之禮可廢乎？宰我認為守喪三年曠日費時導致人事已廢，一年守喪應已足夠；於此孔子問心安否而回答心安，孔子因此痛心不已而離去，並且責備宰我不仁。依此而論，孔子侍奉至親，尚且保留情境是非曲折的討論空間。「不擇事而安之」，臣之於君，也有相同子之於親的行事法則，就是安於義之大戒，泯滅心知執著，無有哀樂，自然處事安於義命而不易施。

郭象注：「知不可奈何者，命也。而安之則無哀無樂，何易施之有哉！故冥然以所遇為命，而不施心於其間，泯然與至當為一，而無休戚於其中。雖事凡人，猶無往而不適，而況於君親哉」（〈人間世〉）。

至此而論，唯郭象注「知其不可奈何而安之若命，德之至也」一段，「雖事凡人，猶無往而不適」，方將《莊子》義德本質意義刻劃出來。

文本所謂義德，指的是事人以義，猶如事君，皆是義所當為之事。但是，許多注釋家皆不離君臣父子五倫關係，僅作文本表面字義之詮解，固無論及義德本質精神之所在。其實《莊子》所言君臣實義，大有文章，並非只限定臣子對君父的忠義關係而已，這種行動更是指向與其有關係的任何人。

而且，君主之使臣，還有另一層次之詮釋，即心亦稱為君，心君使臣之作用，也可講為良心之主使；或致良知之主使，則臣指道德行動亦即靈魂意志不得不聽從的意思。所以，才有所謂自事其心時，心之哀樂，不受到好惡之情的煽動，而激起哀樂情感，使之襲上心頭。心無哀樂波動，則不改易施行於前的義德行動。

為人臣子者對於天子固然要安之若命！意志對於良心，受到心君之指使，也應當要安之若命！則義德實踐的道德行動，便是「知其不可奈何」，而安於命運的安排。所謂命運的安排，即是如此，必然無法改變；彷若子愛親之命，繫結於心，無法解開，而「不得已」之謂。「不得已」，即是擁有恆常而永久的意志潛能，準備隨時行動達成目標之實現。《莊子》義德之實踐有「不得已」之實踐精神，是不可解，亦不可逃的必然行動，卻是說明這種義德實踐原來就有其必然性，為此，則義德是一種特殊德行。

「安義若命」，是「義」不可逃，若「命」無可解的「義」德實踐。此處的「義」，即指出「知其不可奈何而安之若命，德之至也」之「德」，就是對

於義德的行動者，在與行動所及的他人之間，還必須要有一種特殊的德行。「德之至」就是一種特殊的義德。其它三種德行就是智德、勇德、節德。這三種德行的實踐，行動者單獨一人行動就能完成。其中智德是可行者之正直理智；勇德和節德，則必須服從理性的指導。唯獨義德需要行動者與行動所及的他人形成道德實踐關係才能完成。因此，還須要一種特殊的德行，即是義德。〔註 16〕

第三節　義德是一種普遍德行

義德是關於人與各別個人的關係；也是關於人與各別團體的關係。針對這兩種關係，都是屬於義德。因此，義德也是一種普遍德行。〔註 17〕

> 丘請復以所聞：凡交近則必相靡以信，遠則必忠之以言，言必或傳之。夫傳兩喜兩怒之言，天下之難者也。夫兩喜必多溢美之言，兩怒必多溢惡之言。凡溢之類妄，妄則其信之也莫，莫則傳言者殃。
>
> 故法言曰：『傳其常情，无傳其溢言，則幾乎全。』（〈人間世〉）

陸西星云：「此則教以為使之道，曲盡人間情狀，熟於世故者方知有味。復，白也。靡，順也。信，符信也。近交，本國也。外交，鄰國也。莫者，疑義」。〔註 18〕

孔子對諸梁使齊之事，為免「人道之患」，復為陳說所聞，近在本國之內，不用外交辭令，單憑信符，人民百姓即能順從。鄰國路途遙遠，符信易偽，必「辭命」令使者言傳，方不誤事。然而，傳兩喜兩怒之言，此普天之下傳命之最難者。因為，兩喜必多傳溢美之言；兩怒必多傳溢惡之言。凡溢美溢惡之言皆妄之類，溢者，即太過之意。妄則不能不起疑惑，莫者，即疑義。有疑義，則傳言者必受災殃。因此，法言這本古書有言，「傳其常情，無傳其溢言，則幾可自全」。

> 且以巧鬥力者，始乎陽，常卒乎陰，泰至則多奇巧；以禮飲酒

〔註 16〕多瑪斯說：「人對於自己方面的行動，在其他的道德涵養性德性使情正直之後，也獲得正直。可是，他對於別人方面的行動，卻需要一種特殊的正直；這不僅是關於行動與主動者的關係，而且也關於行動與其所及之人的關係。為此，關於這樣的行動，有一種特殊的德性，這就是義德。」參閱多瑪斯，《神學大全》第九冊，第五十八題，第二節，釋疑 4.。
〔註 17〕《神學大全》第九冊，第五十八題，第四節，正解。
〔註 18〕陸西星，《莊子副墨》，頁 49。

者，始乎治，常卒乎亂，泰至則多奇樂。凡事亦然。始乎諒，常卒乎鄙；其作始也簡，其將畢也必巨。

　言者，風波也；行者，實喪也。夫風波易以動，實喪易以危。故忿設无由，巧言偏辭。獸死不擇音，氣息茀然，於是並生心厲。尅核大至，則必有不肖之心應之，而不知其然也。苟為不知其然也，孰知其所終！故法言曰：『无遷令，无勸成，過度益也。』遷令勸成殆事，美成在久，惡成不及改，可不慎與！且夫乘物以遊心，託不得已以養中，至矣。何作為報也！莫若為致命。此其難者。」（〈人間世〉）

　「且以巧鬥力者」至「其將畢也必巨」，林雲銘云：「泰，同太。如戲劇格鬥，始喜而相邀，卒至怒而相擊，以戲過甚，故各出其奇巧，至於死傷。如賓筵飲酒，始則威儀，卒則號呶，以飲過甚，故各逞其奇樂，流於狎侮。諒，信；鄙，薄也。凡待人始相信而卒相薄者，往往有之。若不慎之於始，而以苟簡為之，及其將成，其事必大，不可收拾」。〔註 19〕

　鬥力者，始乎陽而表顯乖戾，卻常常卒乎陰而暗伏機詐，太過則多奇詭狡詐；飲酒者，始乎治而打揖作恭，卻常常卒乎亂而旋起口角，太過則多縱情逐樂。這些只是冰山一角，依此推論，凡事都是一樣。始乎諒而互相信賴，卻常常卒乎鄙而彼此輕薄；其作始也簡單容易，其將畢也必成巨大困難。

　「言者」至「可不慎與」，趙以夫注：「始陽卒陰，始治卒亂，此理之必然。水遇風而波作，獸將死而咆哮，亦勢所必至。一言之發，激怒於人，非風波乎？人既激矣，將行其怒，非實喪乎？遷令勸成是謂過度，從而益之事必危矣」。〔註 20〕

　因行者實意倫喪而易危殆，而言者乘風激蕩而易波動。是故忿恨所起，毫無端倪，觸動於言辭巧詐偏執。猛獸將死，吼聲乖厲，呼吸之間，雜亂無章，以喻忿怒不可抑遏，於是初心並失，厲心以代。尅，刻薄之意；核，同覈，有考實之意。尅之所不能免；核之所不能匿，尅核太過，則必有賊害之心以應之。因為，心厲既生，急於考覈真實，必使彼不堪，而心生殘害以報復。實在我，喪在彼；風在我，波在彼，如果不知其所然，其所終，即造成波動與危殆孰能知，亦即誰能預料之謂。故法言這本古籍曾說：「无遷令，无

〔註 19〕林雲銘，《莊子因》，頁 43。
〔註 20〕褚伯秀，《南華真經義海纂微》，頁 162。

勸成，過度益也」。意謂傳言者莫改一言，莫添一言，溢喜溢惡皆超過常度。因為，多改一言，多添一言，便憤事危殆而自召禍害。奉使傳命欲結兩國之好，以成其美，非旦夕可期，日久方曉，故美成在久；風波實喪，使兩國交惡，則立竿見影，履霜堅冰至，兩國交惡既成，後悔亦不及改，故惡成不及改，豈可不慎！

「且夫乘物以遊心」至「此其難者」，劉鳳苞云：「『乘物遊心』，所謂『不擇地』『不擇事而安之』，『哀樂不易施乎前』也；『託不得已以養中』，所謂『知其不可奈何而安之若命』也；隨用『至矣』二字結住，所謂『孝之至』、『忠之盛』、『德之至』也。除此以外，更無別法可解人道、陰陽之患。說到此處，至精至密，全是修身俟命工夫，葉公何能理會？『何作為報也』三句，轉出一解，言欲審處兩難之地以報其君，則莫如致命。人莫不悅生而惡死，責以致命，乃天下之至難者，惟深明乎命與義之無可辭，乃恬然而處之；致命且不難，更何人事、陰陽足以為難哉」。〔註21〕

「乘物」，即「不與物交，惔之至也」（〈刻意〉）之義，順物不傷則無累。「遊心」，即「一而不變，靜之至也」（同上）之義。「託不得已以養中」，即「動而以天行」（同上）之義。

知道命「不可解」，義「不可逃」之「戒」。「至矣」，只有這樣才是「孝之至也」，「忠之盛也」。

「何作為報也」，更何所作為，以報「義命」於「君親」？能作為者，「莫若為致命」，莫若安義若命以免「陰陽之患」；「忘其身」而無暇「悅生而惡死」以免「人道之患」，皆是「為致命」之義。「此其難者」，此則非人所易行者。

筆者觀點，《莊子》義德，指導人與個別他人之間關係德行實踐活動；也指導人與團體他人之間關係德行實踐活動。人與團體他人之間關係義德行動，於前段文本內容「凡交近必相靡以信」一段，特別偏重；人與個別他人之間關係的義德行動，於本段文本「且以巧鬥力者」一段，特別突顯。然而義德實踐過程，不論人與個別或團體之間關係，則皆充滿對立與衝突而危機四伏；於和平寧靜之假象底下，也都潛藏暴風雨即將來臨所將面臨侵襲的危險。義德是將每一個人或每一團體的權利歸還給每一個人或團體恆常而永久的意志。此為必然要做的事，為此行事乃不得已之行動，對己而言，只要不是來自強迫的自願行動，不會被取消功勞。只是不加害於那個應得之人或團體，

〔註21〕劉鳳苞，《南華雪心編》，頁334。

對於應得之人或團體並沒有增加任何利益，但自己卻得到利益，對己而言並不會感到光彩。因此，不能求任何回報，唯有修養自己義德實踐之德行而已，這樣的行動就是達到義德實踐的基本要求了。所以，沒有比作為報效自然賜予性命而盡性致命更好的義德實踐行動這種的德行極致。這是義德實踐行動的實際困難。「不得已」則「意志恆常而永久」，使人內之道德涵養逐漸滋長，己身之德就能充足無缺。義命難於兩全，莫若安義若命，不悅生惡死，這是最難實踐的關鍵。

　　依照多瑪斯的義德不僅是德行，而且也是普遍德行。因為，義德指導人與別人的關係。人與別人的關係即包括人與個體他人之間的關係；人與團體他人之間的關係兩種。義德指導人與團體他人之間的關係就被稱為普遍的德行。依照多瑪斯普遍的義德，就稱為「法律的義德或正義」。《莊子》「無適而非君」就是普遍的義德。因為君主使臣之義德實踐涉及到法的層面，而且關係到全民之福祉。〔註22〕

　　筆者觀點，事親孝之至，不擇地而安之；事君忠之盛，不擇事而安之。老莊之理想君王乃是道成肉身之真天子，是天道實現對於理性人類道德實踐之救贖行動，則真天子並非君權私授而王位傳嫡子之偽天子。此即域中四大，「故道大，天大，地大，王亦大」（〈老子·二十五章〉）之義。但提到義命二戒，借假天子之使命仍屬有效之命令，因為儒家仍視傳統嫡傳天子之君命不可違。

第四節　義德的對象是法

　　義德是指導人與人之間的關係，使彼此取得公平或平衡。亦即義德的正

〔註22〕多瑪斯說：「第一，關於人與各別個人的關係；第二，關於人與別一公共團體的關係。這第二種關係是說：如果一個人為一個團體服務，他也為所有包括在這團體之內的人服務。針對這兩種情形，都可能有真正的義德。可是，所有包括在一個團體之內的人，與這個團體的關係，猶如部分與整體的關係一樣，這是顯而易見的事。一個部分就以其為一部分來看，是屬於整體的。因此，凡是一個部分的善，都可以被導向整體的善。所以，任何一個德性之善，不管這個德性是指導某一人與他自己的關係，或是指導他與其他某些個人的關係，都可以被導向義德所指導的公益。因此，一切德性的行為都可以與義德有關係，這是因為義德指導人去謀求公益的緣故。」參閱多瑪斯，《神學大全》第九冊，第五十八題，第四節，正解。

直，即是公平或合乎正義。而所謂公平或合乎正義，就是「法」（ius，或合法事物）。因此，法是義德的對象。〔註23〕

潘小慧引依西道（Isidore of Seville, 560～636）的說法：「正義（justice）的對象是權利（right）」。〔註24〕

> 齧缺問於王倪，四問而四不知。齧缺因躍而大喜，行以告蒲衣子
> 蒲衣子曰：「而乃今知之乎？有虞氏不及泰氏。有虞氏，其猶藏
> 仁以要人；亦得人矣，而未始出於非人。泰氏，其臥徐徐，其覺于
> 于；一以己為馬，一以己為牛；其知情信，其德甚真，而未始入於
> 非人。」（〈應帝王〉）

這段對話是蒲衣子聽齧缺告知王倪「四問四不知」（〈齊物論〉）的回復。齧缺因大喜而雀躍不已，而跑去告訴蒲衣子這件事。

蒲衣子乃方外大賢，已達忘言之至道，對「无思无慮始知道」（〈知北遊〉）之道理固久。因此，蒲衣子跟齧缺說，到現在你才知道？

「有虞氏不及泰氏」，成玄英疏：「有虞氏，舜也。泰氏即太昊伏羲也。三皇之世，其俗淳和；五帝之時，其風澆競。澆競則運知而養物，淳和則任真而馭宇」（〈應帝王〉）。

此即「故失道而後德，失德而後仁，失仁而後義，失義而後禮。夫禮者，忠信之薄而亂之首」（〈老子‧三十八章〉）之義。

「有虞氏」至「而未始入於非人」，虞舜標榜仁義，教化百姓，心懷天下；雖得人心，反陷己於是非之域，而未曾超脫「非人」的界域。伏羲氏是領悟道一惚恍之象的「真人」，物我兼忘，已達到泯是非，一生死的境界，又何曾墮入「非人」的地域，亦即到達「惟恍惟惚」（〈老子‧二十一章〉）之境域。「其知情信」，即「其中有精」（同上）、「其中有信」（同上）之義。「其德甚真」，即「其精甚真」（同上）之義。「泰氏，其臥徐徐，其覺于于」，與「古之真人，其寢不夢，其覺无憂」（〈大宗師〉）義同，指泰氏乃「古之真人」。

陸樹芝釋「藏仁以要人」，為「藏仁以要人，雖無甚有為之迹，然亦有諸己而後求諸人，無諸己而後非諸人耳。藏乎身者既恕，亦可以喻諸人矣，要

〔註23〕《神學大全》第九冊，第五十七題，第一節，正解。

〔註24〕潘小慧說：「拉丁文 jus 至少有四種涵義：（1）正義、公道；（2）慣例、法律；（3）施行法、應用法；（4）權利、人權。此處意指『權利』（right）。」參閱潘小慧，《四德行論——以多瑪斯哲學與儒家哲學為對比的探究》，頁141。

豈能無非諸人哉」；釋「未始出」，為「言不能超出其上也」；釋「未始入」為「言不至墜入其中也」。〔註25〕

倘若心懷仁義並以此當作普世價值，別人的是非善惡也用相同的標準去衡量，這樣的作法和利用他人之惡來襯托自己的美善有何差別，同是災人行徑，必自食人災之禍的苦果。

不過，吳肇嘉對於「仁義」這種「善」的標榜，雖然能為道德實踐，提供督促能力，可是，最麻煩的問題在於這種「仁義」，並不是普遍的「法則」。〔註26〕

釋「非人」，吳怡解釋為「批評人」。〔註27〕亦即墮入彼此相是相非的處境。

「一以己為馬，一以己為牛」，即「今一以天地為大鑪，以造化為大冶，惡乎往而不可哉」（〈大宗師〉）；「安排而去化」（〈大宗師〉）之義。

潘小慧說：

> 正義的對象是 right，中文統稱為「權利」。一般說來，「權利」可以理解為「人對自己之所有物的合理要求」，完整地說是「人對合乎自己身分之所有物的合理和不可侵犯的倫理要求」。〔註28〕

權利在其他德行能力方面，只有涉及到此行為者身上，但是，權利在正義的德行方面，不僅涉及到在此行為者身上，也涉及到他人。

> 肩吾見狂接輿。狂接輿曰：「日中始何以語女？」
>
> 肩吾曰：「告我君人者以己出經式義度，人孰敢不聽而化諸！」

〔註25〕陸樹芝，《莊子雪》，頁89。

〔註26〕吳肇嘉說：「所以『藏仁』是指心中懷藏『仁義』作為尺度以判別是非善惡，並藉由對所判分出的『善』之標榜，要求他人以此標準作為目的而追求之，認為這樣便能導人回歸於善。不過，這種對於『善』的標榜，雖然能為實踐提供督促力，讓人們行止有所依歸，但問題出在這法則是不普遍的。有『善』的具體標準，就有不能符合條件的人，那麼這種對『善人』標榜，正是對那些不能符合標準之人的毀謗，這就是災人。」參閱吳肇嘉，〈論莊子外王思想中的「道」、「命」關係〉，《政大中文學報》，第18期，2012年12月，頁147。

〔註27〕吳怡說：「這裡的『非人』，前人的解釋很多，如林希逸指『天』，宣穎、陳壽昌指『物』，王叔岷指『人性』，但連同後文的『入於非人』來解，都有顧此失彼，不甚貼切。按『非人』，就最簡單的原字義來解，乃指批評人，也即人的相非。因為『藏仁以要人』，以仁為人，便不免用『仁』去批評人。『未始出於非人』，即指仍然沒有超脫這種以仁為批評別人的是非之見。」參閱吳怡，《新譯莊子內篇義解》，臺北：三民書區，2004，頁277。

〔註28〕潘小慧，《四德行論——以多瑪斯哲學與儒家哲學為對比的探究》，頁144。

　　狂接輿曰:「是欺德也;其於治天下也,猶涉海鑿河而使蚉負山
也。夫聖人之治也,治外乎?正而後行,確乎能其事者而已矣。且
鳥高飛以避矰弋之害,鼷鼠深穴乎神丘之下以避熏鑿之患,而曾二
蟲之無知!」(〈應帝王〉)

　　「肩吾見狂接輿」至「人孰敢不聽而化諸」,林疑獨云:「用己出法度以
治天下,終不能成功,如涉海鑿河,使蚉負山,言不勝其任也。古者聖人治天
下,使民各安居,物皆遂性,何弊弊於法度以治外哉?言聖人順民物之性,
於事確乎有能之者,因而任之,止於分內耳」。〔註29〕

　　狂接輿問日中始的弟子肩吾,日中始有何告示?肩吾回答狂接輿,日中
始告示我,當一個君主以自己經緯天下所頒布的軌儀法令治理百姓,並以仁
義禮法教導庶民,以正風俗習慣,誰敢不遵從而歸化。

　　成玄英疏:「式,用也。教我為君之道,化物之方,必須己出智以經綸,
用仁義以導俗,則四方氓庶,誰不聽從!遐遠黎元,敢不歸化耶」(〈應帝王〉)。

　　「式」、「義」、「度」三者義同,皆含有「法」的涵義,蘊含統治百姓的常
法和特別法等內容。「己出」則是依照自己的道德標準,但不是嚴以律己寬以
待人,而是寬以待己嚴以律人作為遵循原則;為滿足個人利益,高舉道德名
目作為箝制人民思想工具所發布的法令。

　　陸樹芝云:「經常之法式,義理之制度,皆從己身而出,非但見之文誥也」。
〔註30〕

　　以仁義德目作為招悃器具的欺騙行為,就是「欺德」之人。聖人之治天
下,對這類外治手段絕不敝屣自珍。正己以正人,只能作他人模範,任由他
人自動起而效之;強求他人的外治之道,並不是能安順庶民百姓的性命之情。

　　「狂接輿曰」至「而曾二蟲之無知」,趙以夫云:「我好靜而民自正,我
無為而民自化,聖人盡其在我者而已,豈以治外為務哉!鳥鼠猶知避危就安
而不待教,人而不若二蟲邪」。〔註31〕

　　狂接輿駁斥日中始,此是不實之德,不是善治之道。以此治天下,有如
涉海鑿河而使蚊負山,事必不成。而且,聖人之治天下,是治內抑或治外?
治內者,無為而治,每個人都有良知和良能,人依照本性而後行動,確實有

〔註29〕褚伯秀,《南華真經義海纂微》,頁310。
〔註30〕陸樹芝,《莊子雪》,頁89。
〔註31〕褚伯秀,《南華真經義海纂微》,頁311。

個「能其事者」的天理存在而已罷了。「能其事者」，意指能使行為者做為行為指示的東西存在。不必更以「經式義度」以為制裁而治化人民。倘若，由己設置「經式義度」，使天下取此「經式義度」以為行事法則，雖然也有治理之效能，但此只是治外。但治其外，則必有超出法制之外以違背者，待其超出而又須將其繩之以法，則此即是以「矰弋」、「薰鑿」之患害以驚擾天下，而百姓尋求方法以藏避患害者必多。且鳥鼠猶有藏避患害之智能，而百姓曾二蟲之無知？使天下皆有避藏患害之心，天下安能得治？

「正而後行，確乎能其事者而已矣」有正解和反解兩種意見。

郭象云：「以己制物，則物失其真。各正性命之分也。不為其所不能」（〈應帝王〉）。成玄英疏：「夫以己制物，物喪其真，欺誑之德，非實道。順其正性而後行化。確，實也。順其實性於事有能者，因而任之，止於分內，不論於外者也」（同上）。以上郭氏和成氏注疏正解。

陸樹芝云：「治外者，不過先正己而後出以正人，確能為此式度而已，乃不足之辭。俗解以此二句為轉出正意者，謬。治外者固欲以所能強世，而不知其不可必也。彼鳥鼠至微，且能知矰弋薰鑿之患，況人為萬物之靈。若以式度繩之，則束其官骸，猶矰弋也；梏其性天，猶薰鑿也。豈反不知避，曾二蟲之不若哉」〔註32〕以上陸氏注疏反解。

「以己出經式義度」危害人性；猶「矰弋薰鑿」傷害鳥鼠。

關於多瑪斯義德，必先論法，其次才論義德本身。法是否為正義的對象，多瑪斯的解答則根據義德的特性是人與人之間關係一種的公平或平衡。因此，肯定法就是義德的對象。〔註33〕

先秦春秋時期士大夫儒家和先秦法家的法，並沒有自然法的成分在裏面。因此，先秦《莊子》的法絕對不是先秦春秋時期士大夫儒家和先秦法家的法。因為，《莊子》極力反對先秦春秋時期士大夫儒家和法家的法，所能接受的法就是多瑪斯義德必先論到的「自然的法或正義」和「實證的法或正義」。「自

〔註32〕陸樹芝，《莊子雪》，頁90。
〔註33〕多瑪斯說：「所謂公平的或合乎正義的，有如說它具有義德的正直，義德的行為即定止於此，不管主動者是用什麼方式來把它完成的。至於其他的德性，沒有一樣事物可以被評定為正直的，除非它是由於主動者，按照某種一定的方式而完成的。就是為了這個緣故，義德異於其他的德性，有它自己的特定對象；而這個對象就是所謂的合乎正義的，或公平合理的，亦即「法」。由此可見，法（或合法事物）是義德的對象。」參閱多瑪斯，《神學大全》第九冊，第五十七題，第一節，正解。

然的法」就是「天理」或「自然道德律」。〔註34〕

　　義德的對象就法，絕對的正義所根據的法就是自然道德律。雖然，尚有部分非絕對的正義所根據的法是實證法，但並不妨害絕對的正義的法的運作。因為非絕對的正義的實證法位階較低，不能抵觸人類理性位階最高的自然道德律。人類理性位階最高的自然律運作的核心是人性靈魂理性部分的理智和意志。這與「彼何暇安其性命之情哉」（〈在宥〉）的道理相同。如何才能安頓庶民百姓的「性命之情」？就是按照「天理」或「自然道德律」的運作方式來撫慰普羅大眾的「性命之情」。〔註35〕

　　釋「天下有大戒」，「大戒」，釋性通云：「大戒世之大經大法」。〔註36〕

　　陳懿典云：「大戒謂人間世之大經大法」。〔註37〕

　　成玄英疏：「戒，法也」（〈人間世〉）。

　　所謂「戒」就是法。先秦時期各家對於法理都極重視，尤其儒家、道家和法家更視為政治、社會、經濟等問題解決的必要途徑。因此，對於先秦法理的歷史脈絡應有客觀理解。因此，「戒」不能等閒視之。

　　先秦儒家的法理是從禮至法的思想轉變。孔子與孟子不贊成以刑政作為

〔註34〕潘小慧說：「在論述前，首先，必須說明本章所談的天理／自然道德律到底是什麼又到底不是什麼。『自然律』一詞在西文 lex naturalis（拉）natural law（英）是多義語詞，周克勤（1925～2007）將此詞歸納出四個不同層次的涵義：一是泛指任何物之與性俱來之內在之理或則；二是專指所謂大自然界的內在之理或則；三是專指人性所固有的內在道德律；四是專指上述內在道德涉及人間正義生活的一部。周克勤並依四種涵義分別譯為自然法則或自然法律、自然律（自然科學所說的）、自然道德律及自然法。本章所談論的不是第一、二、四種涵義的自然律，而是第三種涵義的自然道德律；自然道德律之『自然』一詞，也不是『大自然』之自然，而是以人為主體，人性之自然。」參閱潘小慧，《多瑪斯倫理學的現代性》，臺北：至潔，2018，頁162。

〔註35〕潘小慧說：「這個問題很關鍵也很緊要，哲學家有與無的不同主張正顯示其倫理學思想的基本立場。主張有天理或自然道德律的哲學家基本上傾向人文主義的道德觀，承認人有此天賦的內在道德律；主張沒有天理或自然道德律的哲學家基本上傾向動物主義的道德觀，亦即實證主義論者，他們並不承認有普遍的人性，也不承認人有所謂與性俱有的、普遍的、永恆不變的、必然的道德律。輔仁學派的內涵是以士林哲學為基礎，並融合中華文化與當代哲學。其倫理學基本上肯定人具有內在道德性，人性是善，此善性或內在道德性以及人生而即有的理性正是理解天理或自然道德律的基礎。」參閱潘小慧，《多瑪斯倫理學的現代性》，頁163。

〔註36〕釋性通，《南華發覆》，頁96。

〔註37〕陳懿典，《南華經精解》，頁129。

治理人民為主要手段的治國理念，咸以理想政治是以道德禮法為先後順序的王道德治。

孔子的法理思想是德治。子曰：「道之以政，齊之以刑，民免而無恥。道之以德，齊之以禮，有恥且格」。〔註38〕

孟子的法理思想是仁政。孟子曰：「離婁之明、公輸子之巧，不以規矩，不能成方員；師曠之聰，不以六律，不能正五音；堯、舜之道，不以仁政，不能平治天下。今有仁心仁聞而民不被其澤，不可法於後世者，不行先王之道也。故曰，徒善不足以為政，徒法不能以自行」。〔註39〕孟子的仁政思想即是王道思想。因此，孟子曰：「以力假仁者霸，霸必有大國；以德行仁者王，王不待大，湯以七十里，文王以百里」。〔註40〕政治的「王霸之辨」，顯現孟子德治的法理思想特色。

荀子的法理思想是禮治，即制定義法以治國。荀子曰：「所以為布陳於國家刑法者，則舉義法也；主之所極然帥群臣而首鄉之者，則舉義志也。如是則下仰上以義矣，是綦定也；綦定而國定，國定而天下定」。〔註41〕

荀子為實現純粹以功利之心施行仁義之政而採「王霸」兼容之策。因此，勞思光說荀子是儒家的歧出。〔註42〕

荀子制禮至法的法理思想，是從天行有常的自然之天，到人性之善者偽也；由人之性惡，必待師法而後正的心性理論所推導出來的法理思想。〔註43〕

因此，荀子的法理思想所建構出來的「自然的人為法」，則是荀子實現禮

〔註38〕程樹德，《論語集釋》，北京：中華書局，1990，頁68。
〔註39〕任大援、劉豐，《孟子譯注》，頁148。
〔註40〕任大援、劉豐，《孟子譯注》，頁70。
〔註41〕莊福齡、樓宇烈、馬紹孟等，《荀子新注》，北京：中華書局，1979，頁162。
〔註42〕勞思光說：「就荀子之學未能順孟子之路以擴大重德哲學而言，是為儒學之歧途。而尤應注意者是此一學說之歸宿。荀子倡性惡而言師法，盤旋衝突，終墮入權威主義，遂生法家，大悖儒學之義。學者觀見此處之大脈絡，則益可知荀學之為歧途，固無可置疑者。」參閱勞思光，《新編中國哲學史（一）》，頁316。
〔註43〕王祥齡說：「按天原本無所謂『道德』不『道德』的問題，就像自然本無所謂善惡，善是倫理學家所分別出來以規範人類生活的。同理，離開人的觀點而言，自然本無所謂法不法的問題，法是人憑自己的性分和好惡提出來的。自然界獨一無二的固有的分別，只是常態與變態的分別。通常所謂『善——自然法』就是指事物的常態，所謂『惡』就是指事物的變態。」參閱王祥齡，〈論荀子禮法之法理思想〉，國立臺北大學中國語文學系《第三屆中國文哲之當代詮釋學術研討會論文集》，2007年10月，頁231。

義之道於當世的終極目標。〔註44〕

　　法家是刑治思想，不是現代的法治思想。法家集大成的歷史人物是韓非子，與李斯俱事荀子，思想必然受到荀子影響，對人性善惡的看法極為悲觀失望。〔註45〕

　　韓非子曰：「明主之所導制其臣者，二柄而已矣。二柄者，刑、德也。何謂刑德？曰：殺戮之謂刑，慶賞之謂德」。〔註46〕

　　韓非子的法理思想，源自利用人性善惡的陰暗面作為工具，乃維持人主權勢所憑藉的手段而已，完全否定人類理性尊嚴。

　　道家《莊子》繼承《老子》的法理思想，以「清靜自然」為法，極力摒棄對名實物慾的心知執著。並且，反對人為造作的仁義禮法治理人民百姓。

〔註44〕王祥齡說：「荀子所欲建構的理想的『禮法社會』，是經由『明於天人之分』〈天論〉而『參天』、『知天』『則天地官而萬物役也』的自然法理之下，制定一個『通達之屬，莫不從服』的合理制度。蓋荀子首先將先秦儒家賡續宗法血緣『尊親』的倫理必然轉向理性必然。展開其『尊賢』與『法自然』──『自然的人為法』的政治理想。」參閱王祥齡，〈論荀子禮法之法理思想〉，頁233。

〔註45〕勞思光說：「就先秦思想全盤觀之，則發展至韓非時，文化精神已步入一大幻滅，一大沉溺；蓋依韓非之方向，自我即墮入形軀利害感一層面，而全無超越自覺矣。」參閱勞思光，《新編中國哲學史（一）》，頁339。

〔註46〕王先謙，《韓非子集解》，北京：中華書局，1993，頁39。

第九章　勇敢之德的倫理實踐

倫理之德是完善的德行，比並不是完善的德行之理智之德，更有資格稱為主要的或基本的德行。因為，理智之德所以稱為不完善的德行，即是他們只有善於行動能力的習性，不需要嗜慾的正直，並沒有善用這種善行的習性，所以未導致善行的完成。但是，倫理之德不只有善於行動能力的習性，還需要嗜慾的正直，也有善用這種善行的習性，而導致善行的完成。因此。勇德在形式根本方面受理智支配，在主體方面則因個別質料分得而具有理智之理。倫理德行的勇德以憤情為其主體，因個別質料分得而具有理智之理，故為一種特殊德行；關於情慾上是受形式根本之理智的支配，故為一種普遍德行。因此，所謂勇德即是在堅定理智之善，不為情慾所左右，其善主要見於面對死亡之危險，這是最難令人忍受的。〔註1〕

第一節　勇德（fortitudo; fortitude）不只是一種德行也是一種特殊德行

人的德行發生在三方面：第一，是修正理智本身，這是由理智完成；第二，是使建立人類事物的理智正直或正當，這是屬於義德的事；第三，是掃除建立人類事務的理智正直或正當所遇到的阻礙。

有兩種障礙阻礙意志順從理智的正直或正當：第一，是某種快樂吸引意志去追求違背理智的正直或正當的東西，這種障礙用節德來掃除。第二，是

〔註1〕《神學大全》第五冊，第六十一題，第三節，正解。

一個困難阻礙意志不去追求理智正直或正當的東西。為能掃除這種障礙，必須具有心靈的勇毅或勇敢，以克服阻礙意志的困難。因此，勇德是一種德行。〔註2〕

勇敢有兩種解釋，第一，勇敢只是意謂一種心意堅定。依照這種解釋，勇敢是普遍德行，或者可以說是每一種德行的條件。第二，勇敢即是意謂承擔及抗拒那些使心意最難堅定不移的事上，亦即在某些極端危急或危險當中，心意堅定不移。此時，由於勇德有一種特殊質料（a special matter），因此，勇德是一種特殊德行。〔註3〕

> 顏闔將傅衛靈公太子，而問於蘧伯玉曰：「有人於此，其德天殺。與之為无方，則危吾國；與之為有方，則危吾身。其知適足以知人之過，而不知其所以過。若然者，吾奈之何？」（〈人間世〉）

憨山大師云：「衛靈公太子，蒯瞶也。蘧伯玉，名瑗，衛賢人，孔子之友也。其德天殺，謂天生低品之人也。殺，降也。不以法度規之，則危吾國；若以法度繩墨之言諫之，則必不信而見尤，則危吾身。其人聰明，足以摭拾人之過，而不知己之過。其人如此，吾將奈何」。〔註4〕

魯國賢者顏闔，將要適衛，成為衛靈公太子蒯瞶的師傅。因為，此行將涉及到一個肩負冒險犯難，而極為艱困的重要使命。所以，特別拜訪賢能的衛國隱者蘧瑗，訴說「將傅衛靈公太子」內心的無奈。期望獲得面授方略機宜，庶幾能助一臂之力。

楊起元云：「猶陰霜殺草之殺，天限其質也。方，法度也。任其為不法之事，則縱欲敗度，危害吾之國；救正其不法之行，則忠言逆耳，危吾之身。此數句泛泛言之。窮究人過，不檢察己之過。此二句就太子言」。〔註5〕

太子天性陰險無常，凶狠暴戾，殘酷無情，視人命如草芥，猶天降大霜凍死草木。

韓敬云：「猶言天奪其鑒也。方，法度也。縱而不救，則將來必危國；欲救正之，則禍必先及我」。〔註6〕

〔註2〕《神學大全》第十一冊，第一二三題，第一節，正解。
〔註3〕《神學大全》第十一冊，第一二三題，第二節，正解。
〔註4〕憨山大師，《莊子內篇憨山註》，頁324。
〔註5〕楊起元，《南華經品節》，頁55。
〔註6〕韓敬，《莊子狐白》，《無求備齋莊子集成續編》，第二十二冊，臺北：藝文印書館，1974，頁69。

　　「天奪其鑒」，逆天行道所使然。俗話說得好，天將亡我，必先使我喪心病狂。此處「禍必先及我」，解釋「與之為有方，則危吾身」，則是最具關鍵的地方。顏闔面對凶惡的衛靈公太子蒯聵，隨時都有生命受到死亡威脅的危險。因此，顏闔必須面臨勇德實踐的實際困難。

　　「命」、「形」、「性」之天資，來自道德。「命」，「且然无間，謂之命」（〈天地〉），因此，「命」不可以改變。可是，「形體保神，各有儀則，謂之性。性脩反德，德至同於初」（同上），「形」和「性」，卻是可以藉由修身，變化「情」、「精」、「神」、「氣」之靈魂本質，使人更親近「天道」。

　　理智的正直之糾正由智德完成。理智的正直付諸實行人類事物上的行動則是屬於義德。阻礙付諸實行人類事物上理智的正直行動是由勇德消除。意志遵循理智的正直有兩種障礙：第一種意志受到快樂誘惑；第二種意志受到義德行動上的實際困難而退縮，導致不聽從理智的正直所指示。勇德必然擁有心靈的堅毅與勇敢，才能克服所有遭遇到的實際困難。就如身體靠著堅毅不撓與勇敢，消除身體上的阻礙。〔註7〕

　　勇德當作一種普遍德行解釋時，只是指一種心靈的堅定或堅實，或者可以說是每一種德行的條件。勇德當作一種特殊德行解釋時，就是在忍受與對抗那些最難使心靈堅定不移的事物上面，亦即在某些極端危急或危險之時，而心靈能夠堅定不移。這個時候，由於勇德有一個特定的對象，故勇德是一種特殊德行。〔註8〕

〔註7〕多瑪斯論勇敢為德行一節提到：「人之善是按照理性方面，如同狄奧尼修在《神名論》第四章裡所說的。所以，這是屬於人之德性的事，使人及其行為符合理性。這可能有三種情形：第一，是匡正理性本身，而這是藉由智性的德性；第二，是使理性的正直或正當，落實在人類的事物上，而這是屬於義德的事；第三，是把此一應置於人類事物上的理性之正直所遇到的障礙，予以除去。人的意志可有兩種障礙，阻止它遵從理性的正直。第一，是意志被某種快樂所吸引，去追求一樣有違理性之正直的東西；而這樣的障礙，是用節德來把它除去的。第二，是意志由於面臨一個困難，受阻不去追求那合乎理性的東西。為能除去這樣的障礙，必須要有心靈的勇毅或勇敢，以便克服上述的困難。」參閱多瑪斯，《神學大全》第十一冊，第一二三題，第一節，正解。

〔註8〕多瑪斯論勇敢為一種特殊的德行一節提到：「勇敢這個名詞，可有兩種解釋。第一，只是指一種心意堅定。按照這個意思，它便是一般性的德性；或者更好說，它是每一種德性的條件。因為如同哲學家在《倫理學》卷二第四章裡所說的，每一種德性都必須有『堅定不移的行動』。第二，勇敢也可以做這樣的解釋，就是在承擔及抗拒那些最難堅定不移的事上，即在某些重大的危險

第二節　勇德主要關涉死亡的危險尤其關涉戰爭中死亡的危險

勇德使意志不因肉體之惡，而背離理性之善。肉體之惡，莫過於死亡。因此，心靈的勇敢，必須使意志抗拒最大之惡時，能堅實不移，而固執理性之善。人不逃避死亡，即在追求某種善。尤其在戰爭中，人所面對死亡之危險，更是人基於他追求某種善；亦即他因維護眾人的利益，為了追求正義而進行戰爭。正義的戰爭可以分為一般性的戰爭與個別或個人的戰爭。譬如國與國的戰爭，在前線作戰；一個法官不畏懼生命危險，而公正審判。〔註9〕

> 蘧伯玉曰：「善哉問乎！戒之，慎之，正女身也哉！形莫若就，
> 心莫若和。雖然，之二者有患。就不欲入，和不欲出。形就而入，
> 且為顛為滅，為崩為蹶。心和而出，且為聲為名，為妖為孽。彼且
> 為嬰兒，亦與之為嬰兒；彼且為无町畦，亦與之為无町畦；彼且為
> 无崖，亦與之為无崖。達之，入於无疵。(〈人間世〉)

「蘧伯玉曰」至「正汝身也哉」，林雲銘云：「身兼形心言。正者先自立於無過之地，使知人之過者無所用矣」。〔註10〕

蘧伯玉表示這個困難的問題善問於我。此人品性低劣，不可輕意冒犯。當先正己而後事人，即先立於不敗之地，使「知人之過」者，雖精明過人，亦無機可乘。

筆者觀點，「戒之，慎之，正女身也哉」，即是蘧伯玉要求顏闔返回德行實踐場域作好周全準備，再想辦法克服困難。

「形莫若就」至「之二者有患」，陸樹芝云：「就者，令其可親，不令難近也。和者，守其中和，不同不流，內有操持也」。〔註11〕

其人險惡，鋒不可攖；可是，又不可不化其凶，以救其國。「形」最好「就」，才能近其人，「心」最好「和」，才能化其惡。雖然，「形就」及「心和」兩者都兼具，仍有死亡危險的憂患存在。

之中，心意堅定不移。為此，西塞祿在他的《修辭學》卷二第五十四章裡說：
『勇敢被視為是承擔危險，及忍受艱苦。』按照這個意思來說，勇敢便是一種特殊的德性，因為它有一個特定的對象。」參閱多瑪斯，《神學大全》第十一冊，第一二三題，第二節，正解。

〔註9〕《神學大全》第十一冊，第一二三題，第四節、第五節，正解。
〔註10〕林雲銘，《莊子因》，頁45。
〔註11〕陸樹芝，《莊子雪》，頁51。

　　筆者觀點，顏闔就教於蘧伯玉將傅威靈公太子之行動，顯然涉及完成勇德實踐行動所必須面臨之諸困難。對於這個特殊任務，勇德實踐則是一種特殊德行。勇德以靈魂非理性部分的「憤情」為其主體，「生於精」之「形」的「惡情」蘊涵靈魂非理性部分之「憤情」，為勇德的主體。這個時候，本於「精」所生之「形」，必須勇敢面對，不可逃避。因此，「形莫若就」，此處「就」，即是要求個人去接近此一任務。雖然，有種種充滿危險的事物可能發生。而且，這件工作困難重重，對於任何人來說，都會產生恐懼而想退縮。可是意志必須聽從理性之善，仍須使心靈堅定不移，驅逐害怕，努力克服種種障礙，而不可撤回此一理想任務。此次任務乃意志隨從理性，必須完成的工作。

　　吳肇嘉對於「和」之歷史考察以較嚴謹的態度作一番檢視，認為它是立體的超越觀照，肯定有一超越根據的存在。但此一觀照的超越根據，筆者認為就是有位格之最高存有。〔註12〕

　　《莊子》之「心」作為實體之實踐工夫，楊儒賓認為具有冥契哲學的味道：

　　　　莊子的「主體」通常指向「心靈」的意涵，對此種主體的解釋各
　　有不同，常見的一種解釋是採取「心學」的立場，筆者此處所說的「心
　　學」採廣義但也是特定的用法，意指其思想建立在一種超越的本體的
　　基礎上之知識體系，此本體被視為和主體在深層構造上如不是同一

〔註12〕吳肇嘉說：「接著談到『形莫若就，心莫若和』這個重要的處人之道。『形莫若就』比較容易解，它是『行為最好莫過於遷就對方』的意思，因此郭注『形不乖迕』。但『心莫若和』就比較費解，到底什麼是『和』？這是需費一番工夫去考察的。一般多以『調和』之義釋之，但這恐怕尚未能盡『和』字之義，而使整句話陷於語意不明。翻查諸注，似乎仍以郭象『和而不同』的指點最具啟發性。『和而不同』，其言出於《論語》，朱熹注之曰：『和者，無乖戾之心；同者，有阿比之意。尹氏曰：『君子尚義，故有不同；小人尚利，安得而和？』將『和』與『同』作出了較明確的區別，從這裡可以顯出郭注『和而不同』的重要性。郭象明確意識到莊子之『和』，並非彼是雙方同一平面的調和，而是立體的超越觀照，其中肯定了一超越根據的存在。當然，這個超越根據未必一定是如尹焞所言的『義』，但因此超越根據而致的境界區分應該是存在的。所以顏闔之『心和』，不能是心裏『認同』、『容忍』或『接受』蒯瞶的惡，而必須是在超越的立場上『觀照』出蒯瞶生命中『善』的部分，這樣講形就心和才有意義。如果『心和』僅意指著心中調和（認同或接受對方的惡），則在實踐上的表現就頂多只是要求凡事不辨對錯，一律包容；具體的說，就是要我們做個老好人，不問是非、不得罪任何人。那麼，這樣子的『和』即成『同流合污』，顯非道家推許的『和光同塵』了。」參閱吳肇嘉，〈《人間世》的自處處人之道〉，《北市大語文學報》，第11期，2013年12月，頁58。

至少也是合一的，而且，學者透過工夫的實踐可以體現之。〔註13〕

此處之「心」作為「道德形上學」之主體，冥契的對象即是「三位一體」之「聖神」；也就是有位格之最高存有。可是，《莊子》的「心」，是可以藉由「治身」（〈在宥〉），而達到「和」的工夫境界，只不過並不是在「心」上修養，而是落實在「氣」、「精」、「神」的工夫實踐。因為，《莊子》德行的主體為「氣」、「精」、「神」，不是「心」。所以，《莊子》的「心」不是原因，而是結果。「聖人之靜也，非曰靜也善，故靜也；萬物无足以鐃心者，故靜也」（〈天道〉）。聖人並不是因為「靜」是善，才去追求「靜」，純粹是工夫修養境界到了，「心」自然就「靜」。《莊子》的「心」之境界，完全是以水之「靜」的境界，以譬喻「心」的境界。如第二部第六章第三節所論述的。

「就不欲入，和不欲出」，王叔岷：「案此謂外形莫若遷就，內心莫若寬和。山木篇：『形莫若緣』（成疏：緣，順也。）與此『形莫若就，』義近。案之猶此也。下文『達之入於无疵。』亦同例。案遷就過深，則與彼同。故『就不欲入。』寬和過顯，則示彼小，故『和不欲出。』二語與達生篇『无入而藏，无出而陽。』義近」。〔註14〕

大抵注釋家的注疏皆不外於此之範圍，皆以表面字義詮釋「形」、「就」、「入」、「心」、「和」、「出」之涵義。

筆者觀點，「就不欲入」，則是因為「本生於精」之「形」代表感性慾望，最容易受到肉體快樂的引誘而「樂不思蜀」。便遺忘意志隨從理性之初衷，遂改變意志之方向，以享樂之目的作為唯一導向。「形就」的勇德實踐，對於快樂有節制作為匡濟；對於畏懼有堅持不撓的心靈作為後盾；對於大膽則須要

〔註13〕楊儒賓說：「筆者的界定雖然繚繞，但如對東方哲學不太陌生的人大概都可以喚出語句中冥契哲學的氣味，這樣的哲學可以用『體驗的形上學』或『道德的形而上學』稱呼之。『體驗的形上學』主張形上學的命題不是思辨理性範圍內的事件，它只能經由身心轉化的工夫歷程才可以體證得到。體驗的形上學常被認為是三教共法，一落到唐宋以後的《莊子》詮釋史的脈絡下理解，這樣的共法之形象也很清楚。從成玄英、褚伯秀到焦竑、憨山、陸西星，我們看到一位深入世界實相的悟道者之莊子，這位悟道者對於如何轉化現實的意識狀態以進入一種更深層的真實——這種深層的真實被認為綰合了存在與意識的連結——立下了很好的修行的範式。這些《莊》學史上的著名注者的詮釋非常深刻，既有文本的依據，也有理據，『心學的莊子』是《莊子》詮釋史上一支強而有力的論述。」參閱楊儒賓，〈遊之主體〉，《中國文哲研究集刊》，第45期，2014年9月，頁2。

〔註14〕王叔岷，《莊子校詮》，頁147。

堅忍與耐力作為時間磨和與解決困難的籌碼。因此，「心」、「和」、「出」就直接與「克服懼怕」、「緩和大膽」、「忍耐痛苦的折磨」等，用於解決困難與掃除障礙的方法，產生密切的關係。「心莫若和」，此「心」可指「心齋」，則感性慾望必須除去；是非和執著的「知心」亦必須除去。這樣的勇德實踐，即可達到實現「氣」所蘊涵靈魂理性部分的理智作為其主體之智德以匡正理性本身；「神」所蘊涵靈魂理性部分以意志作為其主體之義德將理性的正直或正當落實在這次事物上，而勇德即是把阻礙意志聽從理性指示所遇到的障礙，驅除殆盡。

「形就而入」至「為妖為孽」，陳碧虛云：「就入則同惡，為顛滅、崩蹶，所以危吾國；和出則自矜，為聲名、妖孽，所以危吾身」。〔註15〕

「形就」深「入」，無法自拔，則助紂為虐，將取「顛滅崩蹶」之禍，而危吾國；「心和」遠「出」，揚己之善，彰人之惡，「為聲為名」以求「名實」，則有「為妖為孽」之患，而危吾身。因此，「形就而入」則與惡人同，而為「顛滅崩蹶」，將危害吾國；「心和而出」則與惡人異，而為「聲名妖孽」，將危害吾身。

「彼且為嬰兒」至「入於无疵」，陸樹芝云：「為嬰兒，童心無知；无町畦，無界限；无涯，不立崖岸。皆無檢束之意。達，猶導引。委曲而引導之，入於無惡之地。此形就心和之妙用」。〔註16〕

「嬰兒」，即無知識；「无町畦」，即無田界，引申為無檢束；「无涯」，即無畔岸。「彼且為」等，綜言太子行為不檢，放蕩不拘。「亦與之為」等，綜言顏闔且先表現容許之意，絲毫不拂逆其意，待彼日久深信不疑，已有可達之機，再行潛移默化，使太子入於無疵之地。

筆者觀點，「正女身也哉」之「正」，與「无視无聽，抱神以靜，形將自正」（〈在宥〉）之「正」兩者義同。「嬰兒」、「无町畦」、「无崖」三者，太子和顏闔的德行正好相反。因為，「目无所見，耳无所聞，心无所知，女神將守形，形乃長生」（同上）。因此，太子「嬰兒」之「無知」，和顏闔「嬰兒」之「心无所知」兩者義反，即「專氣致柔，能嬰兒乎」（《老子・十章》）之義。太子「无町畦」之「目無法紀」，和顏闔「抱神以靜」之「目无所見」兩者義反。太子「无涯」之「充耳不聞」，和顏闔「聽之以氣」（〈人間世〉）之「耳无所

〔註15〕褚伯秀，《南華真經義海纂微》，頁168。
〔註16〕陸樹芝，《莊子雪》，頁51。

聞」兩者義反。「達之,入於无疵」之「達」與「唯達者知通為一」(〈齊物論〉)
之「達」兩者義同。

人的德行方面,智德修正理性本身;使正直或正當理性,落實在人類事
物上,則屬於義德;勇德則是排除意志由於遇到一個困難,受到阻礙而不去
追求合乎理性的東西。因此,心靈的堅忍不拔,必須在那些使意志對抗最大
之惡時,能有堅決不移追求合乎理性之善的勇毅。肉體之惡,即是意志所要
排除阻礙意志去追求合乎理性之善的對象。肉體最大之惡,就是死亡。因為,
死亡把肉體的善全部剝奪殆盡。〔註17〕

一般人面臨死亡的危險,都是在突發的意外事件中造成。譬如:疾病、災
難或遭人殺害等等。這些死亡的危險,並非由於他為了追求何種善而願意勇敢
面對危險。可是,戰爭中的死亡,卻是人為了追求某種的善,願意勇敢面對這
種危險。亦即人為了正義而戰爭,是由於他基於保衛人民的利益。〔註18〕

戰爭的不幸,就是必須付出生命死傷作為代價。但戰爭無法避免的主要
原因,就是為了維護正義而不得不發生戰爭。因此,戰爭的恐怖,往往使人
心靈深處產生極大震撼的共鳴迴響;內心無比驚懼、害怕;情緒無法平靜、
安寧。然而,無論戰爭多麼慘烈;並且引起種種不悅豫,人們仍然必須勇敢
面對為正義戰鬥到底;發揮人性無比光輝,寧願壯麗華貴死亡的極度挑戰。
所以,為維護正義而戰爭就是勇德的行為。

戰爭可分為普遍的、一般的戰爭(general combat)和私人的格鬥(private
combat)兩種。第一種是普遍的、一般的戰爭。一位戰士參加戰場上的戰鬥而
不顧生命危險就是一種勇德行為的表現。第二種是私人的格鬥。一位法官冒
著生命危險而與犯法的人發生戰爭,則是一種格鬥。所以,法官基於維護正
義尊嚴,漠視生命危險,執行審判工作也是勇德行為的表現。〔註19〕

筆者觀點,顏闔與太子之間的關係,自然成為勇德實踐的場域。因為,

〔註17〕多瑪斯說:「在所有的肉體之惡中,最可畏懼的是死亡;因為死亡把肉體所有
之善完全帶走。」參閱多瑪斯,《神學大全》第十一冊,第一二三題,第四節,
正解。

〔註18〕多瑪斯說:「哲學家在《倫理學》卷三第六章裡卻說,勇德主要是關於戰爭中
的死亡。」參閱多瑪斯,《神學大全》第十一冊,第一二三題,第五節,反之。

〔註19〕潘小慧說:「增強心靈面對死亡的危險,不論是在一般的戰爭或個別的格鬥
(二者都可通稱為戰爭 battle),都屬於勇德。據此,勇德可以說關涉發生於
戰爭中死亡的危險。」參閱潘小慧,《四德行論——以多瑪斯哲學與儒家哲學
為對比的探究》,臺北:哲學與文化月刊雜誌社,2007,頁249。

顏闔不願順任太子縱欲敗度，危害國家人民。因此，他必然要激發心靈堅定不移的力量，面對死亡的危險，消除恐懼，態度淡定，行事穩重，內心調適妥當，準備萬全，這樣才能順利執行與太子蒯聵周旋到底的計劃。而且，一位犯人要傷害法官性命，尚且必先突破保護法官生命安全的維安措施，方能對法官身體實行致命攻擊。反觀衛靈公太子蒯聵，立為一國儲君，攬權竊柄，又有免責於法律制裁的權利。並且，其人性情乖戾，喜怒無常，行事獨斷，枉法妄為。所以，顏闔傅太子，所處環境非常險惡，生命安全受到嚴苛威脅，危如壘卵。由此看來，太子陰險狠毒，不擇手段，濫殺人民百姓的惡習，一旦被激起，顏闔一定措手不及，逃脫不出死亡的危險。因此，顏闔如欲圓滿完成「救正其不法之行」，必須不顧安危，而讓自己陷入危機四伏，命懸一線之境域。尤其，矯枉太子不法的行動，不能半途而廢，未達目的決不終止，而且要有不惜犧牲生命這種決心和精神。因此，所謂勇敢的行為，就是憑著高尚的品格和高貴的情操，去完成「殺身成仁，捨生取義」的志節和使命。並使「死有重於泰山」這種意義崇高的生命，光芒閃耀，照亮人間。這種行動，就是勇德的具體表現。

第三節　勇德關涉懼怕和大膽而堅忍卻是勇德的主要行為

排除所有阻撓意志順從理性的障礙，這由勇德負責。勇敢的行動不因困難而畏縮，此即所謂克服畏懼；勇敢的行動完全排除困難事物，使得未來安全，此即涉及大膽。可是，勇德的主要行為是堅忍，而不是攻擊。因為，危險是畏懼和大膽的對象。危險本來就有助於大膽，而堅忍則是須先克服畏懼才能產生。〔註 20〕

> 汝不知夫螳蜋乎？怒其臂以當車轍，不知其不勝任也，是其才
> 之美者也。戒之，慎之！積伐而美者以犯之，幾矣。（〈人間世〉）

林希逸云：「螳蜋恃其才之美，欲以其臂當車轍，此喻小才自矜以當大事，鮮不敗者。積，屢也；伐，誇也；幾，危也。屢誇其才美以犯世之忌者，必危其身，故曰積伐而美者以犯之，幾矣」。〔註 21〕

〔註 20〕《神學大全》第十一冊，第一二三題，第六節，正解。
〔註 21〕林希逸，《莊子鬳齋口義校注》，頁 74。

　　汝不知螳螂所以自取死亡，由於自恃其臂就是其才之美者。故奮力舉其臂以擋車轍，不知其力不可勝任。此喻顏闔自己以為是才之美者，恃才以事暴君，其患不能免。必須戒懼謹慎！纍誇其才之美者以冒犯暴人，就不免於死。螳臂擋車之喻，旨示大膽為勇者之警戒。「積伐而美者以犯之」之「而」同「爾」。喻太子屢屢誇讚顏闔才之美者。

　　筆者觀點，攻擊雖然是勇德的行為，但攻擊會導致失敗提前發生；在沒有周全的計劃行動之前，是絕對不允許魯莽攻擊行動倏然發生。因此，緩和大膽，不讓魯莽攻擊倏然發生，將是避免使危險進入惡化的先決條件。

　　　　汝不知養虎者乎？不敢以生物與之，為其殺之之怒也；不敢以
　　全物與之，為其決之之怒也；時其飢飽，達其怒心。虎之與人異類
　　而媚養己者，順也；故其殺者，逆也。（〈人間世〉）

　　劉鳳苞云：「怒者虎之天性，而致其怒者，則逆之為害也；時其飢飽，達其怒心，是即就不欲入、和不欲出之調劑得宜也。順則媚而逆則殺，順逆之機，操之養虎者，而異類可馴，況其在同類者乎」。〔註22〕

　　汝不知養虎者的困難之處？不敢與虎食以生物，為恐觸動殺物之怒；不敢與虎食以全物，為恐觸動決物之怒。虎生性易怒，見生物必生殺物之性；見全物必生決物之性。「決」，即裂，虎殺物、裂物，必奮力張牙舞爪而咆哮怒吼，其性暴戾，容易一觸而發。「時其飢飽，達其怒心」，飢飽時刻給予拿捏剛好，而節制飲食，易怒之心給予舒暢條達，而勿使發威。虎與人異類，而性迥然不侔，而媚愛飼養之人，以「順」情而移性；故虎殺戮飼養之人，以「逆」情而動性。

　　筆者觀點，勇德以靈魂非理性慾望之憤情為其主體。顏闔傅太子蒯瞆「其德天殺」則是隨時處於危險環境之中，危險就是懼怕和大膽的對象。「本生於精」之「形」的「惡情」，蘊涵靈魂非理性慾望之「憤情」。「形就」，就是非理性慾望之憤情不撤退，這必須是克服畏懼，才得以繼續面對危險的挑戰。因此，在危險之中堅定地忍耐，遭受痛苦之折磨而不退縮；或改變初衷，才能使勇德持續行動而不致中斷。而堅定地忍耐這種行為，是先要克服畏懼才能產生。

　　　　夫愛馬者，以筐盛矢，以蜄盛溺。適有蚉虻僕緣，而拊之不時，
　　則缺銜毀首碎胸。意有所至而愛有所亡，可不慎邪！」（〈人間世〉）

　　　　　　　　　　　　　　　　　　　　　　　　　　　　　

〔註22〕劉鳳苞，《南華雪心編》，頁103。

王元擇云：「仁人之愛物，不失於愛。而曲全其愛，物有迕理，則率而使順，而終不忘其所愛矣。豈務過愛而反傷其愛乎？傷愛則以人而滅天也，故曰意有所至愛有所忘，可不慎邪」。〔註23〕

愛馬的人，以竹器盛其糞，以蜃泥之器盛其溺，可謂愛之至。倏然有蚊虻緣聚附著其身，「僕」，有附著之意。而不能適時搏拊將其揮去，則馬遂怒而決斷銜勒，毀碎首上胸前絡轡，盛怒意氣所至而昔日之愛盡亡逝，不可不戒慎啊！

筆者觀點，「形就而入」，則是「本生於精」之「形」的「惡情」，受到非理性慾望的引誘，才會被感性的肉體快樂所吸引。缺乏堅定地忍耐的力量，也會讓意志違背理性的指示，而去追求能使感官快樂的肉體善，尤其死亡使人遠離最大的肉體善。因此，擁有堅定地忍耐之行為能力，必須是「心莫若和」，「和」，即「德者，成和之脩也」（〈德充符〉）之義。「心和不出」，則能使人擁有堅定地忍耐之行為能力，才得以應付長期忍受遭遇危險所帶來的痛苦這種折磨。

陸樹芝云：「螳臂之喻，言傅惡人不可恃才而逆之。養虎之喻，言當順而導之。養馬之喻，言當徐以化之」。〔註24〕

筆者觀點，螳臂之喻，言勇者在危險中堅定不移，這是勇德的主要行為。攻擊雖然屬於勇德，但是，勇德節制大膽，卻是使人面對危險時，使人堅定地忍受痛苦，避免躁進。因為，攻擊不是勇德的主要行為。

排除阻礙意志隨從理性的困難事務屬於勇德。尤其遇到困難事務而將隨從理性的意志撤回或退縮，這是懼怕行為引起的後果。因此，勇德主要關涉懼怕如何克服的問題。〔註25〕

然而，為了達到目的，而使未來生存得到安全而合理的安頓。不但遇到困難事務要抑制恐懼，以度過困難侵犯的害怕。還必須溫和地抵抗一切困難，並且，給予適當解決，此即進入大膽的領域。因此，勇德主要不僅關涉懼怕

〔註23〕王元澤，《南華真經新傳》，頁117。
〔註24〕陸樹芝，《莊子雪》，頁52。
〔註25〕多瑪斯說：「勇德主要是關於對付那些能阻撓意志隨從理性的困難事物所有的畏懼。不過，一個人不僅應該克制畏懼，堅定地忍受那些困難事物的衝擊，而且也要予以適當的抵抗；就是說，必須把它們完全排除，以求未來的安全；而這似乎是屬於大膽的事。所以，勇德是關於畏懼和大膽的：一方面克服畏懼，一方面節制大膽。」參閱多瑪斯，《神學大全》第十一冊，第一二三題，第三節，正解。

如何克服的問題，同時，也關涉大膽如何緩和的問題。

耐力（endurance）是勇德中最主要的行為。因為依照亞里斯多德「信心」就是大膽。勇敢較關切的是如何克服恐懼而非如何緩和大膽。因為，忍受痛苦的困難，比起躲避快樂的困難，前者永遠遙遙超過後者。因此，真正的勇敢，是能夠堅忍遭受痛苦的折磨。〔註26〕

因為，處於危險的環境之中，畏懼的成分會逐漸增加，而且，大膽會被削弱。因此，勇德就有兩種行動對抗危險。一種是攻擊，屬於大膽的行動。一種是耐力，屬於緩和大膽的行動。但是，耐力先要克服畏懼才能產生。所以，勇德主要行為是耐力，即堅定忍耐遭受痛苦之折磨的毅力，卻不是攻擊的行動。〔註27〕

第四節　勇德的行為是為了習慣之善

勇者行為本身即是一種善的習性，而勇者的行為，只是想把自己這種善的習性的形式，顯現在行為上面。〔註28〕

> 孔子遊於匡，宋人圍之數帀，而絃歌不惙。子路入見，曰：「何夫子之娛也？」
>
> 孔子曰：「來！吾語女。我諱窮久矣，而不免，命也；求通久矣，而不得，時也。當堯舜而天下无窮人，非知得也；當桀紂而天下无通人，非知失也；時勢適然。夫水行不避蛟龍者，漁父之勇也；陸行不避兕虎者，獵夫之勇也；白刃交於前，視死若生者，烈士之勇也；知窮之有命，知通之有時，臨大難而不懼者，聖人之勇也。由

〔註26〕亞里斯多德在《尼各馬科倫理學》第三卷第九章提到：「勇敢總是同信心和恐懼這兩方面相關，但同這兩者相關的程度並不相等。它同會引起恐懼的事物的相關程度更大一些。因為，在引起恐懼的事物面前不受紛擾、處之平靜，比在激發信心的場合這樣做更是真正的勇敢。如所說過的，人們有時就把能承受痛苦的人稱作勇敢的人。所以勇敢就包含著痛苦，它受到稱讚也是公正的，因為承受痛苦比躲避快樂更加困難。」參閱廖申白，《尼各馬可倫理學》，頁86。

〔註27〕多瑪斯說：「因為大膽和畏懼的對象──危險，本來就有助於抑制大膽，而增加畏懼的。攻擊之屬於勇德，是因為勇德節制大膽；堅忍卻是要先克服了畏懼才能有的。所以勇德的主要行為就是堅忍，即在危險中堅定不移，而不是攻擊。」參閱多瑪斯，《神學大全》第十一冊，第一二三題，第六節，正解。

〔註28〕《神學大全》第十一冊，第一二三題，第七節，正解。

處矣，吾命有所制矣。」

　　　无幾何，將甲者進，辭曰：「以為陽虎也，故圍之。今非也，請
辭而退。」（〈秋水〉）

　　「孔子遊於匡」至「何夫子之娛也」，孔子從魯國到衛國，宋人將孔子重
重包圍，而孔子竟絃歌不止。子路入內見孔子，責問夫子為何不憂懼，反而
娛樂之絃樂聲不斷？

　　《經典釋文》：「『孔子遊於匡宋人圍之數帀』，司馬云：宋當作衛。匡衛
邑也」（〈秋水〉）。

　　匡是衛的都邑。衛人誤圍孔子，以為陽虎。因陽虎曾領孔子弟子顏剋暴
於匡人，今孔子遊匡，且顏剋為孔子御，故使衛人圍之。

　　「孔子曰」至「吾命有所制矣」，孔子召見子路，叫子路過來，吾告訴你，
我忌諱窮困很久了，而不能免者，莫非天命；求通達也很久了，而不可得者，
莫非時運。生當堯舜之時，而普天之下無窮困之人，非「知」所「得」；生當
桀紂之時，而普天之下無通達之人，非「知」所「失」；皆時命之勢固當而使
然。漁父其勇，在水中不避蛟龍；獵夫其勇，在陸上不避兕虎；烈士其勇，刀
刃橫在頸上不畏生死；聖人其勇，知窮困有命，知通達有時，遇到極度危險
毫不畏懼。故孔子訓誡子路，「臨大難」，順任時命而安處，故能「不懼」，吾
稟於天，命有所制，非人事所能限定。「制」，限定之意。

　　「无幾何」至「請辭而退」，頃刻之時，將士兵甲進見孔子，向孔子請辭
說：「以為陽虎來犯，故設圍將其困守。今既知非陽虎，故拜辭而告退」。

　　成玄英疏：「聖人知時命，達窮通，故勇敢於危險之中，而未始不安也」
（〈秋水〉）。

　　郭象注：「命非己制，故無所用其心也」（同上）。

　　陳壽昌云：「此證無以故滅命意也。夫臨難不懼，遺死生矣。尚何命之
足言。蓋聖人葆其真知以求真道。雖險阻盡歷，而志氣不衰。其謂命有所制
者，非制於天，實制於己也。至人事之窮通，則皆視若浮雲，而以無心付之
耳」。〔註29〕

　　孔子寄以窮諱而命不免窮；時不得通。非有窮諱之實，欲顯明「時命分
限」的道理而已。「聖人之勇」必然「以求真道」為最終目的；聖人「葆其真
知」且已求得「真道」，始能安於時命之安排。郭注「命非己制」；陳壽昌卻言

〔註29〕陳壽昌，《南華真經正義》，頁267。

「非制於天，實制於己也」。「命」者，「有一而未形」（〈天地〉），畜之以德，「且然無間，謂之命」（同上）。郭注「命非己制」，則「命」是「天制」，此與陳壽昌之「非制於天，實制於己」義同。

筆者觀點，「漁父之勇」、「獵夫之勇」、「烈士之勇」、「聖人之勇」，以上四者之勇，皆有兩種目的，即近目的與遠目的。近目的是「聽之以氣」（〈人間世〉），即依照靈魂有理性部分要求的品質。遠目的即是「若一志」（同上），亦即「以求真道」。「真道」，即是「與道合真」，亦即「享見天主」而得永福。四勇之中唯有「聖人之勇」已求得真道。

對於勇德的目的，多瑪斯以火與熱；藝術與質料的形質理論作為譬喻，而提出近目的與最後目的（An end is twofold: proximate and ultimate.）兩種。〔註30〕

勇敢的人，對於可怕的事情，也和眾人相同，會有恐懼的時候。但勇者和眾人不同的地方，就是處理恐懼卻是按照適當的方式去行動。並且，憑藉平時所養成的習性，作為行動的指導原則。這樣的習性使得勇者必然會去抵抗危險。對勇者而言，勇敢行動本身即已符合道德要求。而勇敢行動本身，也是道德的目的。因此，勇敢行動本身，即是一種勇德。勇德本身即是善也是目的。〔註31〕

多瑪斯的近目的與遠目的兩種論述，即是亞里斯多德依照靈魂有理性部分所要求的品質。並且，為了追求高尚之目的，抵抗超出人能忍受程度的可怕事務。近目的即是依照靈魂有理性部分所要求的品質。遠目的即是為了追

〔註30〕勇者是否為了自己習性本身的善而行事，潘小慧說：「亞里斯多德在《尼各馬科倫理學》第三卷第七章說過：『對勇者而言，勇德自身即是一善。』而這就是勇者的目的。多瑪斯以為，目的有兩種：一是『近似目的』（proximate），一是『終極目的』（ultimate）。每個行為者的近似目的即是引介行為者的形式的相似性至它物；例如在加熱當中，火的目的即是引介其熱的相似性至某一受動的質料；而建築者的目的即是將他的藝術的相似性引介至質料。無論隨之而來的任何善，只要是被期許的，或許可稱為行為者的『遙遠目的』（the remote end）。正如事物的製作，外在質料由藝術塑造成；事情的完成，人性行為由明智／智德塑造成。」參閱潘小慧，〈多瑪斯論『勇德』之意義與價值〉，《哲學與文化》，第31卷第9期，2004年9月，頁157。

〔註31〕多瑪斯為此而結論說：「勇者的近目的，就是想把自己的習性的樣式，彰顯在行為上；因為他的用意，是想按照自己的習性的合宜性來行動。不過，遠目的是真福，或天主。」參閱多瑪斯，《神學大全》第十一冊，第一二三題，第七節，正解。

求高尚之目的。〔註32〕

第五節　勇德以他的行為為榮

　　勇者的快樂並不是肉體上的，因為，肉體上的快樂，來自肉體的觸覺。肉體上的感覺，對於勇者來說，似乎痛苦多於快樂。可是，勇者的行為，會為他帶來精神上的喜樂。這種精神上的喜樂，來自靈魂的覺察。〔註33〕

　　　　天下有至樂无有哉？有可以活身者无有哉？今奚為奚據？奚避奚處？奚就奚去？奚樂奚惡？

　　　　夫天下之所尊者，富貴壽善也；所樂者，身安厚味美服好色音聲也；所下者，貧賤夭惡也；所苦者，身不得安逸，口不得厚味，形不得美服，目不得好色，耳不得音聲；若不得者，則大憂以懼。其為形也亦愚哉！

　　　　夫富者，苦身疾作，多積財而不得盡用，其為形也亦外矣。夫貴者，夜以繼日，思慮善否，其為形也亦疏矣。人之生也，與憂俱生，壽者惛惛，久憂不死，何苦也！其為形也亦遠矣。烈士為天下見善矣，未足以活身。吾未知善之誠善邪，誠不善邪？若以為善矣，不足活身；以為不善矣，足以活人。故曰：「忠諫不聽，蹲循勿爭。」故夫子胥爭之以殘其形，不爭，名亦不成。誠有善无有哉？

　　　　今俗之所為與其所樂，吾又未知樂之果樂邪？果不樂邪？吾觀夫俗之所樂，舉群趣者，誙誙然如將不得已，而皆曰樂者，吾未之樂也，亦未之不樂也。果有樂无有哉？吾以无為誠樂矣，又俗之所大苦也。故曰「至樂无樂，至譽无譽。」（〈至樂〉）

　　「天下有至樂无有哉」至「奚樂奚惡」，成玄英疏：「奚，何也。今欲行至樂之道以活身者，當何所為造，何所依據，何所避諱，何所安處，何所從就，

────────────

〔註32〕廖申白說：「關於德性的行為方式的性質，亞里斯多德在此處區分了『按照邏各斯的要求』（ὡς ὁ λόγος）和『為著高尚之故』（τοῦ καλοῦ ἔνεκα）兩者。前者相關於行為的正確性，後者相關於行為的目的。希臘詞 καλόν，如已指出的，具有高尚（高貴）、美好等多方面的意義。萊克漢姆（第158頁注）建議在此處以適合性（fitness）來表達 τοῦ καλοῦ。但適合性是一個正確性的要求，而不是目的的高尚性的要求。」參閱廖申白，《尼各馬可倫理學》，頁79，註3。
〔註33〕《神學大全》第十一冊，第一二三題，第八節，正解。

何所捨去，何所歡樂，何所嫌惡，而合至樂之道乎？此假設疑問，下自曠顯」（〈至樂〉）。

天下有至樂；無或是有？有可以活身者；無或是有？那麼何為、何據？何避、何處？何就、何去？何樂、何惡？

筆者觀點，「至」，極之謂；「樂」，快樂之謂。「至」也指向最高終極存有。〔註 34〕

「夫天下之所尊者」至「其為形也亦遠矣」，林疑獨云：「夫天下所尊者，富貴壽善，所下者貧賤夭惡，又以身安厚味美服聲色為樂，求而不得，則為苦而憂懼，以此養形亦愚矣。富者累於財，貴者累於位，身愈壽而憂愈長，益遠於性命之理矣」。〔註 35〕

「富」、「貴」、「壽」、「善」、「身安」、「厚味」、「美服」、「好色」、「好音聲」乃為人所尊、所樂。反之，「貧」、「賤」、「夭」、「惡」、「身不得安逸」、「口不得厚味」、「形不得美服」、「目不得好色」、「耳不得音聲」則為人所下、所苦。凡此，得不到無妨害形，得到反而損害性。為何今之人，反而因未獲取甚感憂傷，對於人之形體無益之事仍盡力去追求！真是愚啊！「富」則苦其形身，疾其勞作，積財太多身必弱，無能盡用，反為累贅，「其為形」似不屬於己。「貴」則焚膏繼晷顛倒陰陽，想盡辦法扭轉乾坤，「其為形」似無關於己。「人之生」則與憂不二，久壽失能，至死不渝，又何苦！「其為形」似身不由己。

「烈士為天下見善矣」至「誠有善无有哉」，成玄英疏：「蹲循，猶順從也。夫為臣之法，君若無道，宜以忠誠之心匡諫；君若不聽，即須蹲循休止，若逆鱗強諍，必遭刑也」（〈至樂〉）。

烈士磨煉名譽與節操，視死如歸，以此捨身為天下可見是善，而不足以活命，吾就不知這種善真的是善？真的不是善？如果以為這種捨身為天下真的是善了，卻不足以活命。以為這種捨身為天下真的不是善，卻足以救活枉死的人。故曰：「忠諫不聽，蹲循勿爭」。意謂君主無道，以忠誠之心勸諫，未受採納，則當逡巡而卻步，勿再爭辯，此為活身之道。以此之故，伍子胥與君

〔註 34〕《莊子》文本中可以舉證確認至高終極的地方甚多，「至」字相關語詞之運用，在《莊子》思想中的確指涉最高終極存有，不僅只是作為一種修辭而已。參閱蕭裕民，《遊心於「道」和「世」之間——以「樂」為起點之《莊子》思想研究》，清華大學中國文學系博士論文，2005，頁 35。

〔註 35〕褚伯秀，《南華真經義海纂微》，頁 753。

爭善，以致於自殘而喪命。可是，不捨身爭善，名亦不可得。真的有或沒有捨身為天下這種善呢？戰國時期，捨身為天下的風氣甚熾，以身殉名的俠士眾多，身不爭足以活命，名不爭則不成。

林希逸云：「蹲循與逡巡同。爭則殘其形，不爭，名不成，此兩句說破世故」。〔註36〕

果然有善無有呢？莊子之意「烈士為天下見善矣」，則此善為不善之善。

「今俗之所為與其所樂」至「至譽无譽」，陸西星云：「今世情之所趨與吾之所處大率相反，吾未知世俗之所趨果樂無有也。吾以無為為樂，誠樂矣，而世俗苦之，吾如世俗何哉？故曰：至樂無樂。世俗之所樂，真非樂也；至譽無譽，烈士之所爭，真非名也」。〔註37〕

今世俗之所為，以為可樂者，吾又不知其所為果樂無有？在吾觀之，整個群體之趣者，奔競的樣子好像以後不跟著這樣都不行了，而皆認為可樂者，吾不將它認為是樂，也不將它認為是不樂。果真有樂無樂呢？吾以為「无為」確實是「樂」了，此處之「樂」引出「至樂」主旨，而此「樂」，須把一切富、貴、壽、善，視若浮雲而拋諸腦後，此又成為世俗之大苦了。故曰：「至樂无樂，至譽无譽」。「果」，未決定之詞。看來世俗之所樂，舉世群趣所樂如不得已。

釋「誙誙」，郭象注：「舉群趣其所樂，乃不避死也」（〈至樂〉）。成玄英疏：「趣死貌也」（同上）。

陸樹芝云：「誙誙，舊註云『趣死貌』，不若即作『硜硜』，堅確之意亦較捷。又按：世俗之所樂，原即所苦，而自有道者觀之，則世俗之苦樂皆非苦樂也，故云『亦未之不樂』，用意較前又深一層，漸漸引出正旨」。〔註38〕

筆者觀點，《莊子》的「樂」、「善」與多瑪斯的「快樂」、「善」立足點皆相同，屬於自然產生的東西，都是感官所追求，屬於物質層面的享樂和目的。而且，《莊子》「至樂」即是冥合最高存有的天道，也與多瑪斯「真福」就是享見天主具有相同的意義。「烈士」之「勇」不應為名殉身，蓋此僅為「近目的」而非「最終目的」。近目的就應依照靈魂有理性部分要求的品質而實踐。因此，「忠諫不聽，蹲循勿爭」，才是全身上上之策。是故問「善」無或有？「對勇

〔註36〕林希逸，《莊子鬳齋口義校注》，頁 277。
〔註37〕陸西星，《莊子副墨》，頁 197。
〔註38〕陸樹芝，《莊子雪》，頁 204。

者而言,勇德自身即是一善,而這就是勇者的目的。所以,「善」必然是「有」。烈士之勇為了近目的,就勇德實踐而言,「形莫若就,心莫若和」,便是符應靈魂有理性部分要求的品質而實踐勇德。可是,勇德最終目的是「與道合真的永恆幸福」。「漁父之勇」、「獵夫之勇」、「烈士之勇」,皆未能求得真道,只為近目的而殉身,則非目的之善。

王元澤云:「夫萬物不以憂者,至樂也。至樂者,非由自外而入也;非由感音而生也,出於忘己無為而天下不能知之也,故曰天下有至樂無有哉?惟能忘己無為則至樂自有;有至樂則可以全身,身全而豈為無樂歟,故曰有可以活身者無有哉」。〔註39〕

此處「忘己無為」,則是「虛靜」工夫不二法門。因為,「唯道集虛」才能「享見天道」。

褚氏管見云:「而能遊乎物初,則己猶可忘,何外累之能及」。〔註40〕

此處「遊」,即「遊心於淡,合氣於漠」(〈應帝王〉)。「物初」,即「吾遊心於物之初」(〈田子方〉),亦即「享見天道」。

人有理性而異於禽獸,人可以活身,必然有方法可以獲得「至樂」。然而,世俗所為與所樂,無非就是出於感官,屬於自然的快樂,與出於理性,屬於非自然的喜樂完全無關。世俗所樂限於感官,屬於自然的快樂,得之則勞形傷身,而且,損害心性,自然轉樂為苦,既非活身反而傷生而汲汲營營,遂令人大惑不解。因此,出於理性屬於非自然之喜樂以外之快樂,對於有道者而言則敬而遠之。此即「其在道也,曰餘食贅行。物或惡之,故有道者不處」(〈老子·二十四章〉)之義。適度的快樂,才有益於形身。過度追求感官快樂猶「餘食贅行」,必然使人產生厭惡。所以,至樂絕非屬於自然感官之快樂。而出於理性屬於非自然之喜樂,如勇德乃是勇者所樂於為此德行,而付出身體之痛苦,便為世俗之人所排斥。更遑論至樂,世俗怎能不視其為大苦。表面看來,至樂無肉體之樂,有何樂可喜;至譽非虛榮之名,有何譽可取。故曰:「至樂无樂,至譽无譽」。

> 天下是非果未可定也。雖然,无為可以定是非。至樂活身,唯无為幾存。請嘗試言之。天无為以之清,地无為以之寧,故兩无為相合,萬物皆化。芒乎芴乎,而无從出乎!芴乎芒乎,而无有象乎!

〔註39〕王元澤,《南華真經新傳》,頁339。
〔註40〕褚伯秀,《南華真經義海纂微》,頁755。

萬物職職，皆從无為殖。故曰天地无為也而无不為也，人也孰能得
无為哉！（〈至樂〉）

楊起元云：「天下惟苦樂兩端，湛於樂者，見樂而不見苦。將欲是之，不
可以為是，將欲非之，彼不自以為非，故曰未定。必欲定之，惟無為而已。欲
求至樂活身之道，亦惟無為近之。天地無為而清寧，萬物皆化。人而能無為，
物惡得不化哉！芒，混芒之義。芴，汒穆之義。無從出者，不見所由始也。
殖，生也。萬物皆從無為生也，人得無為則至樂而樂至矣」。〔註41〕

天下只有苦樂兩種，耽於樂者，只見有樂而不見有苦。是之彼不自以為
是，非之彼不自以為非，則是非未定。雖然，無為足以定是非，以無為則無
所於樂，而無所於苦。何謂至樂活身，因為，只有無為庶幾可以至樂又可以
存身。請讓我嘗試言說無為。「天以之清」，「地以之寧」，皆「无為」以致之。
故「萬物皆化」，亦天地無為兩者相合以致之。此「萬物得一以生」（〈老子・
三十九章〉）之義。故「无為」，即是「昔之得一者」（〈老子・三十九章〉）；
「無名天地之始」（〈老子・一章〉）；「有未始有夫未始有始也者」（〈齊物論〉）
之義。

「芒乎芴乎，而无從出乎！芴乎芒乎，而无有象乎」，即「惚兮恍兮，其
中有象；恍兮惚兮，其中有物」（〈老子・二十一章〉）之義。「芒」即「恍」。
「芴」即「惚」。「象」，即「大象」（〈老子・四十一章〉）；「有形者象无形者而
定矣」（〈庚桑楚〉）之「象」。「物」，即「夷」（〈老子・十三章〉）、「希」（同
上）、「微」（同上），「此三者不可致詰，故混而為一」（同上）之「一」。

「萬物職職，皆從无為殖」，「職職」，繁殖之意。天地以無為而生化萬物，
故曰：「天地无為也而无不為也」。

「人也孰能得无為哉」，「孰」，「誰」之謂。人之中誰能得「无為」，「冥合
造物」而獲致「至樂」！此即「天下是非果未可定乎」，也即「是以聖人不由，
而照之於天，亦因是也。是亦彼也，彼亦是也。是亦彼也，彼亦是也。彼亦一
是非，此亦一是非。果且有彼是乎哉？果且無彼是乎哉？彼是莫得其偶，謂
之道樞。樞始得其環中，以應無窮。是亦一无窮，非亦一无窮也。故曰莫若以
明」（〈齊物論〉）。此處「天」，即「自然」（〈老子・十七章〉），亦即「天道」。

陸樹芝云：「聖人知是非由師心而起，是以不以心鬪，而鑒之以自然之天。
則同其各自為是，而不參以己見，亦似因其是而是之也。而非如是其所非、

〔註41〕楊起元，《南華經品節》，頁 276。

非其所是者之偏執己見以自是矣。『因是』二字須善會，蓋聖人之因是，原無分於彼我，自不論其是非也。下文即申明此旨。俗解以『因是』二字為齊物論本旨，大錯。二字原泥看不得，觀後文眾狙之喜怒，亦因是，則聖人特有似於因是耳。若以『因是』二字屢見，遂誤認為主句，則通篇意理俱亂矣。聖人之因是，彼猶乎此，此猶乎彼，於彼於此，均無是非之分，豈復有彼此之界哉？偶，對也。彼此相對為偶，無彼此則莫得其偶，乃道之樞紐也。握其樞紐，則正當四方環繞之中。環於外者雖紛而不息，宅乎中者自寂而不動，是直以不動而應無窮也。則正以其無是非，而是亦一無窮，非亦一無窮，何也？以其本體之明不至於芒昧也，故曰『莫若以明』束一句應上，峭勁」。〔註42〕

　　天道之光明，觀照萬有，「靈臺」之真心朗現，則不自我蒙蔽，故無「師心」芒昧妄為之偏見。因此，沒有彼我各執一偏之互異，則無自是相非之紛爭。因此，泯是非的對策即是「無為」，為道的目的在「無為」，「無為」的目的在「致虛」。「致虛」者，即「為學日益，為道日損。損之又損，以至於無為，無為而無不為」（〈老子‧四十八章〉）；「道常無為而無不為」（〈老子‧三十七章〉）；「弱者，道之用」（〈老子‧四十章〉）之義，柔弱致極即是「致虛」，亦即「唯道集虛」（〈人間世〉）之義。「是以聖人和之以是非而休乎天鈞，是之謂兩行」（〈齊物論〉），此處「天」，即「天道」。「鈞」，即「鈞平」。《經典釋文》：「天鈞」本又作均」（〈齊物論〉）。成玄英疏：「天均者，自然均平之理也」（同上）。「兩行」，郭象注：「任天下之是非」（同上）。所以「無為可以定是非」。

　　筆者觀點，「無為」作為一種工夫境界，本質上也是一種勇德實踐活動。「至樂無樂」，而「吾以无為誠樂矣」。而「無為」，則「又俗之所大苦也」。因此，「無為」之勇德，於形來說，完全沒有為感官提供絲毫之樂。如亞氏所言「勇者似乎不以他的行為為樂」。反而是先為形，由於遷就而必須捨棄原有「是非之彰也」、「愛之所以成也」之樂，故尤為「俗之所大苦」。由此可見，「無為」之勇德，形先忍受所遭遇之「大苦」，而意志聽從理智之指示，而堅毅不撓。絕不因為「無樂」而撤回或退縮。這是勇德必須具備的基本原則。因為，勇德是以感性慾望之憤情為其主體。「形莫若就」，則必先堅忍不移，而接受「大苦」之挑戰。「就不欲入」，並且嚴禁形入太深，受到感性慾望的誘惑而不能自拔，必須有所節制才行。「心莫若和」，則是「聽之以氣」，而「勿聽之

〔註42〕陸樹芝，《莊子雪》，頁20。

以耳」、「勿聽之以心」;「若一志」、「唯道集虛」都是「德者,成和之脩也」
(〈德充符〉)的工夫鍛煉。因此,「心莫若和」的工夫修養,即是使能達到「用
心若鏡」(〈應帝王〉)之「靈府」(〈德充符〉)、「靈臺」(〈庚桑楚〉)工夫境界,
則天之命行,人之事變,皆不足以「滑和」(〈德充符〉)、「滑成」(〈庚桑楚〉)。
此即達到「和不欲出」之常道不離的「常德」(〈老子‧二十八章〉)工夫造詣。
可是,「心」的工夫,要在「常德」上下工夫,並不是在「心」上下工夫。

　　以上《莊子》勇德工夫修養,皆是「歸根復命」(〈老子‧十六章〉)於「天
道」這個最後目的。亦即人的德行修養,皆是以「天德」(〈刻意〉)、「玄德」
(〈老子‧十章〉)作為最終目的。此與多瑪斯勇德實踐最終目的是「享見天
主而得到永恆幸福」之本質與歸途,基本上是完全一致。所以,《莊子》勇德
修養的「遙遠目的」,即最終目的,也是「與天道合真的永恆幸福」。

　　勇者是否以他的行為為樂,潘小慧談到勇者行為的「樂」,基本上與嗜慾
(appetitus, appetite)、激情(passiones, passions)、快樂(delectatio, delight)
與喜樂(gaudium, joy)有關。多瑪斯分激情為兩種:一種是身體的激情,來
自身體的接觸。一種是精神的激情,來自靈魂的理解。快樂與喜樂皆由欲望
而來,欲望屬於自然,是來自於感官機能,能產生快樂;欲望更好說是願望
非屬於自然,是來自於理性機能,能產生喜樂。因此,在非理性動物沒有喜
樂,只有快樂。嗜慾自然產生,屬於感官嗜慾的快樂,是身體上的變化;嗜慾
非自然產生,屬於理性嗜慾的喜樂,是意志的單純動態。《莊子》的「樂」基
本上也與嗜慾、激情,快樂與喜樂有關。〔註43〕

　　勇德即勇者之善也即是目的。而亞里斯多德認為「勇者似乎不以他的行
為為樂」。因為,勇者行為是面對超乎一般人能忍受程度範圍的危險威脅,在
於遭受痛苦時,所能承受的堅毅忍耐之能力表現。所以,勇德之善和目的,
雖令勇者樂於勇敢追求。但是,整個過程必先渡過一般人能力所難以忍受的
痛苦暴虐對待。

　　譬如一個拳擊選手所追求的勇德之善和目的,必先承受訓練和比賽期間,

〔註43〕潘小慧說:「亞里斯多德在《尼各馬科倫理學》第三卷第九章說過:『勇者似
　　　　乎不以他的行為為樂。』多瑪斯以為,我們所謂的激情(passions)有兩種:
　　　　一是身體的激情(bodily),來自於身體的接觸;一是精神的激情(spiritual),
　　　　來自於靈魂的理解(apprehension of the soul)。後者才是德行行為的起因,因
　　　　為在那兒我們才能考量理性之善。」參閱潘小慧,〈多瑪斯論『勇德』之意義
　　　　與價值〉,頁 158。

所造成對身體的猛烈攻擊和嚴重傷害。然而，為何勇德，卻是能使勇者不斷努力追求呢？其中關鍵就是勇德的近目的與遠目的的達成所產生的喜樂是超乎感官快樂的層級。

第十章　節制之德的倫理實踐

　　倫理德行的節德以「欲情」為其主體，因個別質料分得而具有理智之理，故為一種特殊德行；關於情慾上是受形式根本之理智的支配，故為一種普遍德行。因此，所謂節德即是在控制情慾之善，不受情慾所動搖，其善主要見於難以控制的情慾，即觸覺性的快樂。面對這種貪慾，則是最難令人拒絕的。[註1] 節德的優越性排在最後，因為以感性嗜慾的「欲情」為其主體之外，主要負責控制人獸所共有的食慾和性慾兩種低級慾望之責任。[註2]

第一節　節德（temperantia; temperance）不只是一種德行也是一種特殊德行

　　節制就是使人的行動，傾向於合乎於理性之事者。因為，節制意謂一種

[註1] 倫理之德除智德是道德涵養性德行同時也是理智德行，其他三種倫理德行都是道德涵養性德行。因此，明智或智德與其他三種倫理之德都是道德涵養性德行，為此，則需要人對目的有正當的態度，亦即正當的嗜慾，這是基於意志的對象是善及目的。所以，節德在形式根本方面是受理智之支配，而在主體方面則因個別質料分得而具有理智之理。參閱多瑪斯，《神學大全》第五冊，第六十一題，第三節，正解。

[註2] 智德是使人正當選擇的習慣；義德是敦促人的意志去實踐予人應得的東西，亦即在平等的關係上，使人的行為合於正當與義務之理；勇德是使人的憤情得以追求所應追求的，忍受所應忍受的；節德是使人的欲情得以克制所應克制的。因此，倫理之德以智德最為尊貴，因其主體為「理智」，是最尊貴的機能，比嗜慾機能優越。義德以意志為主體，仍然屬於精神官能，優越性僅次於智德。勇德以感性嗜慾的憤情為其主體，因為比較接近理性嗜慾機能，情慾方面的控制，憤情較欲情還難以克制，所以比節德優越。參閱潘小慧，《德行與倫理——多瑪斯的德行倫理學》，頁91。

由理性所主持的約束或管制。因此，節制是一種德行。〔註3〕

節德有兩種用法：第一，按照普通意義，則指某種「管制」，即理性在人的行動上，所加的一種約束，而這是所有倫理德行都所有的。第二，按照特殊意義，可指那種約束嗜慾，遠避那些最能引誘人的事物的德行，那麼它就是一種特殊德行。因為，它有一個特殊的質料或對象。〔註4〕

> 魯有兀者王駘，從之遊者與仲尼相若。常季問於仲尼曰：「王駘，兀者也，從之遊者與夫子中分魯。立不教，坐不議，虛而往，實而歸。固有不言之教，無形而心成者邪？是何人也？」
>
> 仲尼曰：「夫子，聖人也，丘也直後而未往耳。丘將以為師，而況不若丘者乎！奚假魯國！丘將引天下而與從之。」
>
> 常季曰：「彼兀者也，而王先生，其與庸亦遠矣。若然者，其用心也獨若之何？」
>
> 仲尼曰：「死生亦大矣，而不得與之變；雖天地覆墜，亦將不與之遺。審乎无假而不與物遷，命物之化而守其宗也。」
>
> 常季曰：「何謂也？」
>
> 仲尼曰：「自其異者視之，肝膽楚越也；自其同者視之，萬物皆一也。夫若然者，且不知耳目之所宜，而游心於德之和；物視其所一而不見其所喪，視喪其足猶遺土也。」（〈德充符〉）

「魯有兀者王駘」至「其用心也獨若之何」，呂惠卿：「學道者，學其所不能學，行其所不能行，故寓言於王駘。從仲尼遊者，知從其所能行，而不知從其所不能行，則雖全魯歸之，與王駘猶中分也。從其能行者，則立有教，坐有議，其教不得無言，其成不得無形也。從其不能行者，則立不教，坐不議，虛而往，實而歸。仲尼、王駘相為表裏而已」。〔註5〕

魯國有一位姓王名駘的人，殘缺一條腿。但跟隨他學習的弟子極多，和孔子門生數目，不相上下。常季求問於孔子：王駘是缺一條腿的人，他的學生和夫子的學生在魯國各佔一半。而且，他教導學生，站著不教授，坐著不議論。即「聖人處無之事，行不言之教」（《老子・二章》）之義。學生空虛而往，盈實而歸。難道真有不說話，而能解惑與傳授的教學方法，沒有外表形

〔註3〕《神學大全》第十一冊，第一四一題，第一節，正解。
〔註4〕《神學大全》第十一冊，第一四一題，第二節，正解。
〔註5〕呂惠卿，《莊子義》，頁54。

迹以媒介，而心中卻能獲得學問？他是那種品節的人呢？因此，當孔子說刖足而兀的王駘是聖人，就如德高若孔子，想從而學；何況德行不若孔子的人呢？所以何止魯國之內，孔子更想率同普天下的人跟隨王駘。緣於此故，常季才問孔子：既然那個缺腿的人神全而王於夫子，當然遠甚於庸常的人。這樣的人，神全而心全，德全而自化，自化而合一。

釋「兀者」，成玄英疏：「刖一足曰兀」（〈德充符〉）。

釋「其用心也獨若之何」，沈一貫云：「蓋不流徇於萬物之顯迹，而獨冥會夫造化之本初，宅心於芴漠之區，執樞據極以臨萬末」。〔註6〕

釋「無形而心成者邪」，林紓云：「成者，心之全也。形殘故言無，心全故言成，能以玄感」。〔註7〕此處「心」非「師心」，而是「靈臺」、「靈府」，乃德全之「心」。

王元澤云：「聖人之所以為聖人者，能內全其神而外忘其形，泯然喪智而與化為一」。〔註8〕「與化為一」而德全，德全則神全，「靈臺」、「靈府」，乃神全之「心」，斯為精神之宅。

何儒育認為：「〈德充符〉特重『德』之概念，為自如其如的存有之『德』」。〔註9〕

因此，「其用心也獨若之何」之「獨」，獨化、自化之謂，乃德之分殊，與化為一，其德乃全。

「仲尼曰」至「視喪其足猶遺土也」，呂惠卿云：「孰為死生而與之變？孰為覆墜而與之遺？乎審！乎無假！知其所得者，真不與物遷，則死生覆墜而不變。命物，化而已不化，守其宗本，不離也。人唯不能自其同者視之，則耳目不內通；能自其同者視之，則耳目不知其所宜。故物視其所同，不見其所喪也」。〔註10〕

孔子回答：死生屬事變之大者，而不跟隨死生變化；雖天翻覆而地墜落

〔註6〕沈一貫，《莊子通》，頁167。

〔註7〕林紓，《莊子淺說》，《無求備齋莊子集成初編》，第二十七冊，臺北：藝文印書館，1972，頁146。

〔註8〕王元澤，頁130。

〔註9〕此概念有三條主要脈絡，「形上實體」、「主觀境界形態」和「存有根源型態」三種，此三種對「道」之詮解，亦展現於「德」的概念上，勾勒出「德」豐富且宏偉之義理內涵。參閱何儒育，〈論《莊子·德充符》之創傷療癒〉，《清華學報》，第46卷第1期，2016年3月，頁9。

〔註10〕呂惠卿，《莊子義》，頁55。

也將不跟隨喪失。常季無法體悟，遂問於孔子「何謂也」。

孔子說：從異同兩種不同的角度看事物，異者，即肝膽互為表裡之臟腑，也如楚越兩國相離之遙遠。同者，即萬物皆為一。因此，王駘之「用心」，即是「遊心於德之和」。「遊」是精神境界之描述，「德者，成和之脩也」，意謂修德工夫至於全德，使心歸於清靜之域，達到「成和」境界之謂，此心便是可為精神之宅的「靈府」、「靈臺」。

所以，「用心也獨」，則是「德不形」工夫境界之呈顯，已經泯除耳目感官層次的美、醜、喜、惡等之分別作用。而且，形「有宜」或「不宜」，完全在於屬於耳目感官形體好惡之情所決定。「其一也一，其不一也一」（〈大宗師〉），故物之形有所喪而不視其所喪，而視其所喪如遺土。

郭象注：「宜生於不宜者也。無美無惡，則無不宜。無不宜，故忘其宜也」（〈德充符〉）。「不宜」，乃好惡之情有所分別而產生。

釋「審乎无假」，郭慶藩案：「无假當是无瑕之誤，謂審乎己之無可瑕疵，斯任物自遷而無役於物也。《淮南・精神篇》正作審乎無瑕」（〈德充符〉）。

人為有瑕疵的理性受造物，唯與天道合真則無瑕疵。因此，「无假」和「无瑕」皆指造物者。「審乎」，即「常心觀照」之謂。

郭象注：「任物之自遷」；成玄英疏：「靈心安審，妙體真元，既與道相應，故不為物所遷變者也」（〈德充符〉）。

「物」指包含人在內而具有生死變化之森羅萬象。與道冥合則不隨物變遷，視一切變化皆萬有之虛幻現象。「物之化」乃「事之變，命之行」，是「命物」，非「物命」。「命物」是天所命而命於物之謂。故「常德不忒」而與造物宗主合真。

王小滕說：「孔子指出：王駘超越對立，懷藏『萬物皆一』的絕待智慧。所以『物視其所一，而不見其所喪』以絕待智慧為觀察的基礎，了解『其一也一，其不一也一』（〈大宗師〉），即是明代學者陸長庚所說的『得亦莫非一，而得未嘗增；喪亦莫非一，而喪未嘗減』，無論所見為何，均以為是圓滿具足的『一』『全』」。〔註11〕

存有皆「一」，最高存有，即是不被運動的運動者，為絕對之「一」。被存有者與被運動者也是一，但非絕對之一。

〔註11〕王小滕，〈莊子「一」之哲理論析〉，《東華人文學報》，第 14 期，2009 年 1 月，頁 27。

　　常季曰：「彼為己以其知，得其心以其心。得其常心，物何為最之哉？」

　　仲尼曰：「人莫鑑於流水而鑑於止水，唯止能止眾止。受命於地，唯松柏獨也在冬夏青青；受命於天，唯舜獨也正，幸能正生，以正眾生。夫保始之徵，不懼之實。勇士一人，雄入於九軍。將求名而能自要者，而猶若是，而況官天地，府萬物，直寓六骸，象耳目，一知之所知，而心未嘗死者乎！彼且擇日而登假，人則從是也。彼且何肯以物為事乎！」（〈德充符〉）

　　「常季曰」至「物何為最之哉」，常季的這段問語，古今注疏家看法上，不論斷句或解釋都相當不一致。除郭慶藩《莊子集釋》餘皆斷句為「彼為己，以其知得心，以其心得其常心」。王邦雄以為非「彼為己」而是「彼為已」並且批評郭象注本斷句詭異使全句幾不可解。筆者認為各家斷句雖有不同，但義理解釋皆相離不遠。〔註12〕

　　常季似嫌王駘憑己智以為己，藉己心以得常心。「得其心以其心」之前「其心」指「常心」，後「其心」指「己心」。「得其常心」，即「死生不與之變、天地覆墜不與之遺」之心。「物何為最之哉」即常季懷疑物為何尊之、聚之？「最」，即取，有二義，一為與聚義同，二為功最之最。郭慶藩案：「徐鍇曰『古以聚物之聚為取。世人多見最，少見取，故書傳取字皆作最』」（〈德充符〉）。

　　「仲尼曰」至「彼且何肯以物為事乎」，陳懿典云：「仲尼言彼守宗之心，定心也。故人莫取鑑於流水，而取鑑於止水，亦以止水定故也。水定則能鑑眾形，心定則能止眾止。故受命於地，則惟松柏獨存，何者？冬夏常青，青是松柏所以獨異於眾木也。受命於天，則惟舜得正，何者？幸能正其所生，以正眾人之所生，此舜所以獨異於眾人也。正生，即正性也；正性，即守宗也；守宗，即保始也。此以松柏比舜，以舜比王駘也。人保始之驗，如人養勇者，一以無懼為主而不動心。故以一勇士而入於九陣之軍。自要，自信也。彼勇力之士，將求名而能守此一信者，且能不變於死生若此，況守宗正性之人，以無形司有形而官天地，以無物藏萬物而府萬物，直寄寓此於首身手足之六

────────────────

〔註12〕對於常季疑惑之句的注疏各家相去不遠。如鍾泰：「『為己』猶言修己，……。『常心』，即死生不變，天地覆墜而不遺之心。『以其知得其心，以其心得其常心』，用心之次第也。然此特自修之學，何為從游之眾？」常季於此猶有疑也，故先曰『彼為己』，而繼曰『物何為取之哉』。」參閱鍾泰，《莊子發微》，頁110。

骸，而以耳目為象存焉，不用其徵也。豈不能一死生而命物化，一其智之所知，而心固未嘗死者乎！不待擇日而自登道岸，而人自從之。彼何嘗以人之從不從為事乎！正應上從遊之多意」。〔註13〕

孔子對常季的懷疑給予指點：人皆鑑於止水，無鑑於流水，唯有清靜澄澈之止水才能鑑，而使鑑者停留。松柏與舜受命於天與地，即「命物之化」。松柏與舜獨也，松柏在冬夏青，舜幸正其生以正眾生；青與正，則是「守其宗」所使然。「守其宗」，即是「保始」，不懼之實效，是其徵驗。守其始初，必有實徵。彼勇士將求名，不懼而雄入九軍之陣，惟守此一信，且能死生無變於己若此。而況守宗與道合真之人，乃知造物司官天地，府藏萬物，直將形象寄寓六骸耳目，真知之所知，其形命物之化，其心不與之然而未嘗死者！彼且指日與道合真，人職是自樂從彼而不能離，彼又何嘗「以物最之」為事。

成玄英疏：「鑑，照也。夫止水所以留鑑者，為其澄清故也」（〈德充符〉）。

宣穎云：「水不求鑑而人自求鑑。蓋唯其止故能止眾之求止者」。〔註14〕水止則清明，德充則心靜。

劉武補曰：「水止則清澄，人自來止以取鑑，喻駘德充，物自來最，非由用心」。〔註15〕「用心」來自「用智」，「用心」則為「師心」。

釋「幸能正生，以正眾生」，「幸」王孝魚云：「不可解作幸而之幸，乃不期然而然的意思」。〔註16〕並未將「幸」本質意義解釋出來。「幸」含福、善之本質，引申為幸福，多瑪斯認為亞里斯多德《尼各馬科倫理學》「幸福」只是今世的幸福並不完美，但今世幸福則是再世永恆幸福的進階，絕對的幸福則是永恆存在的幸福，即「真福」、「至福」，必須「享見天主」才能擁有。

因此，此處之「幸」，與「獨」、「保始」義同。「正生」，「生」即「性脩反德，德至同於初」（〈天地〉）之「性」，「初」即是道。唯有「性脩反德」與道合真，才是「正」，「正」才能「以正眾生」。

郭象《莊子注》的所有「正」，皆蘊涵歸根復命，與道合真的永恆幸福。「獨」、「正」、「保始」、「守其宗」、「德至同於初」五者義同，皆蘊涵與道合真之意義。

〔註13〕陳懿典，《南華經精解》，頁152。
〔註14〕宣穎，《南華經解》，頁40。
〔註15〕劉武，《莊子集解內篇補正》，《無求備齋莊子集成續編》，第四十二冊，臺北：藝文印書館，1974，頁109。
〔註16〕王孝魚，《莊子內篇新解》，北京，中華書局，2014，頁95。

與道合真的特徵，就是視死生為一。「凡物无成與毀，復通為一」（〈齊物論〉）為真實的本質，故能「死生亦大矣，而不得與之變」，何懼之有。

釋「雄入於九軍」，《經典釋文》：「崔云：天子六軍，諸侯三軍，通為九軍也」（〈德充符〉）。

勇士不懼，非「保始」之視生死為一，亦非「審乎无假」而不與物遷。彼將求得勇猛之名，而能自我約束恐懼死亡之心，猶可「勇士一人，雄入於九軍」。勇士特別為求勇名，猶能自己克制恐懼死亡之心。

釋「而況官天地，府萬物，直寓六骸，象耳目」，此處將「道」、「物」作一區分。「物」涵蓋人在內，人唯有泯除「師心」。修養己性以虛靜，心才能如水之清靜，而有「靈臺」、「靈府」之名。而「性脩反德，德至同於初」才能臻於道境，脫離「物」之形骸耳目感官的限制。「同於初」則「直寓六骸」。

釋「直寓六骸」，成玄英疏：「寓，寄也。六骸，謂身首四肢也。王駘體一身非實，達萬有皆真，故能混塵穢於俗中，寄精神於形內，直置暫遇而已，豈係之耶」（〈德充符〉）。

釋「象耳目」，宣穎云：「耳目偽，吾迹象」。〔註17〕

章炳麟云：「上言官天地府萬物，官府同物也。則寓象亦同」。〔註18〕

「天地」、「萬物」、「六骸」、「耳目」四者，皆「物」之同。而「官」、「府」、「寓」、「象」四者，皆「物」之德，而「德至同於初」。

因為，「以道觀能而天下之官治，以道汎觀而萬物之應備。故通於天地者，德也；行於萬物者，道也」（〈天地〉）。

所以「萬物一府，死生同狀」（〈天地〉）。萬物一府即是「天府」，則「物視其所一」，而有「一知」之「真知」（〈大宗師〉）。

釋「一知之所知，而心未嘗死乎」，宣穎云：「真知無二歸於得心。得其常心如此，人豈猶為死生所變乎」。〔註19〕

「一知」即「物視其所一」、「萬物一府」、「死生同狀」之「真知」。而「心未嘗死者乎」之義，即心得真知而外形骸，則「形固可使如槁木，而心固可使如死灰乎」（〈齊物論〉）。

〔註17〕宣穎，《南華經解》，頁40。
〔註18〕章炳麟，《莊子解故》，《無求備齋莊子集成續編》，第四十冊，臺北：藝文印書館，1974，頁13。
〔註19〕宣穎，《南華經解》，頁41。

知之所知則非「一知」，知之所知則是「心知」。形體、心知皆物所有，物之心知、形體必有「成」與「毀」，故可使形如槁木、心如死灰。

劉武補曰：「萬物無不隨化而盡，形體亦物也，故無不死，然形死，而心不隨之俱死，所以謂之為常也。任形之死猶遺土，即上所謂命物之化也；心不隨之俱死，即上所謂不與物遷而守其宗也。莊子之道，不外於此矣」。〔註20〕

「真知」、「一知」、「常心」，皆是「登假」於道，而「守其宗」，故能「不隨物遷」。

釋「人則從是也」，聞一多云：「吳汝綸曰：『是，之也。』《墨子·耕柱》：『而舊者新之』下文之作是」。〔註21〕眾人從之，即「物何為最之哉」。

釋「擇日而登假」、「何肎以物為事乎」，張遠山說：「另須留意的是『奚假』。『假』字〈內七篇〉八見：〈德符充〉三見，〈大宗師〉五見。均訓『假借』，蘊含『非真』。直觀易解的『奚假』（何須假借魯國褒揚王駘），為下文『無假』（無須終極假借）、『登假』（超越非終極之假借）預作鋪墊」。〔註22〕

王先謙曰：「假，徐音遐。宣云：曲禮，天王登假。此借言遺世獨立。擇日，猶言指日。案言若黃帝之游於太清。宣云：人自不能舍之。因常季疑駘有動眾之意，故答之」。〔註23〕

「肎」，古同肯。王駘冥於道指日可待，何肯「隨死生之變」而「與物遷」。由〈德充符〉人亦「物」，則「形」、「骸」、「身」、「耳目」、「忘」，皆「物」之同。

因此，筆者觀點，以感性慾望為其主體之勇德、節德，必然與「物」產生密切關聯。《莊子》節德以「物」作為核心概念，完全符合多瑪斯節德實踐，以靈魂非理性部分的感性慾望之欲情為其主體之基本原理。所以，「德有所長而形有所忘」，即是莊子節德工夫修養之法則。

人聽從理智的指示而行動即是善的行動。因此，人的善和理智能夠一致，使人傾向於和理智一致的事物，才是合乎理性的行動。所以，人之德行就是使人傾向於與理智一致的事物而行動。〔註24〕

〔註20〕劉武，《莊子集解內篇補正》，頁110。
〔註21〕聞一多，《莊子編》，於《聞一多全集》，湖北：湖北人民出版社，1994，頁417。
〔註22〕張遠山，〈《德符充》奧義——因循內德的莊學「葆德」論〉，《社會科學論壇》，2007取7月（上），頁6。
〔註23〕王先謙，《莊子集解》，頁46。
〔註24〕多瑪斯說：「如同《神學大全》〈I-II, 55, 3〉已經講過的，德性的本質，就是

　　筆者觀點，聽從以靈魂理性部分為主體的智德之指示，就是合乎理性之事。《莊子》節德，則是以「心齋」而「聽之以氣」，即是聽從以「氣」作為其主體的智德之指示，就是合乎理性之事。

　　因為，節德以靈魂非理性部分的感性慾望之欲情為其主體，而感性慾望屬於肉體感官之嗜慾。「无聽之於耳」之「耳」；「无聽之以心」之「心」，皆是肉體感官所屬之官能。因此，只能限於「聽止於耳」之「耳」；「心止於符」之「心」的認識機能作用。這樣才能不依循於肉體感官嗜慾機能之作用，而聽從「氣」之理性指示，使人傾向於與理智一致之事物，以達致中道或節制。

　　依照多瑪斯，節德和勇德皆是具有普通意義之德行，所有倫理德行都必須具有這部分的德行。對於視為普遍意義之節德和勇德，兩者在本質方面仍有相異之處。因為，節德使人遠離，違反理性之指示，而引起嗜慾之事物。勇德則使人忍耐或抵抗，引起肉體感官之惡，因而放棄聽從理性所指示之善的事物。但是，由於節德和勇德相同，都有一個特殊的質料或對象。因此，節德也可以是一種特殊德行，即指那種管制或約束嗜慾，遠避那些最能引誘人的事物之德行。〔註25〕

　　筆者觀點，〈人間世〉「心齋」的「聽之以氣」，即是聽從以「氣」作為其主體的智德所指示之事物而行動。「天下有大戒二：其一，命也；其一，義也」（〈人間世〉），故「義」與「命」，為天下大經大法。「知其不可奈何而安之若命，德之至也」（同上），行義致命而能無陰陽之憂與人道之患者，唯有德者能避免憂患，此即「若成若不成而後无患者，唯有德者能之」（〈人間世〉）之義。

　　因此，安義若命，即是敦促作為義德主體的「神」，去實踐予人應得之物。「勿聽之以耳」、「勿聽之以心」，則是勿受到肉體感官官能作用之引誘，而違反中庸或節制。

　　　　使人傾向於善。可是，人之善，就是在於『合乎理性』，如同狄奧尼修在《神名論》第四章裡所說的。所以，人的德性，是那使人傾向於合乎理性之事者。可是，節制顯然使人傾向於這樣的事；因為節制這個名詞（temperantia），本身已經說明一種由理性所主持的約束或管制（temperies）。所以，節制是德性。」參閱多瑪斯，《神學大全》第十一冊，第一四一題，第一節，正解。

〔註25〕多瑪斯說：「如果把節德用作專門的代稱，即指那種約束嗜慾，遠避那些最能引誘人的事物的德性，那麼它就是一種特殊的德性：因為它有一個特殊的質料或對象，如同勇德一樣。」參閱多瑪斯，《神學大全》第十一冊，第一四一題，第二節，正解。

可是，《莊子》節德作為一種特殊德行，則是管制或約束感性嗜慾，以抗拒或遠離那些最能使人受到引誘之事物的德行。因此，《莊子》節德作為一種特殊德行，工夫實踐便是落到「德」之上，此即「故德有所長，而形有所忘」（〈德符充〉）之義。

第二節　節德只關於慾望和快樂

節德主要是關於那些尋求感覺之善的激情，即是慾望和快樂，繼之則是關於那些缺乏這樣的快樂，而發生的悲傷。〔註26〕

申徒嘉，兀者也，而與鄭子產同師於伯昏无人。子產謂申徒嘉曰：「我先出則子止，子先出則我止。」其明日，又與合堂同席而坐。子產謂申徒嘉曰：「我先出則子止，子先出則我止。今我將出，子可以止乎，其未邪？且子見執政而不違，子齊執政乎？」

申徒嘉曰：「先生之門，固有執政焉如此哉？子而說子之執政而後人者也？聞之曰：『鑑明則塵垢不止，止則不明也。久與賢人處則無過。』今子之所取大者，先生也，而猶出言若是，不亦過乎！」

子產曰：「子既若是矣，猶與堯爭善，計子之德不足以自反邪？」

申徒嘉曰：「自狀其過以不當亡者眾，不狀其過以不當存者寡。知不可奈何而安之若命，惟有德者能之。遊於羿之彀中。中央者，中地也；然而不中者，命也。人以其全足笑吾不全足者多矣，我怫然而怒；而適先生之所，則廢然而反。不知先生之洗我以善邪？吾與夫子遊十九年矣，而未嘗知吾兀者也。今子與我遊於形骸之內，而子索我於形骸之外，不亦過乎！」

子產蹴然改容更貌曰：「子无乃稱！」（〈德充符〉）

「申徒嘉」至「子齊執政乎」，林希逸云：「我出子止，子出我止，欲其相避也。申徒嘉又不如其約。不違者，不避也。齊者，同也。執政，自謂也。言子與我同出入，則與執政同矣。後人者，先己也」。〔註27〕

申徒嘉乃缺足之人，與子產同是伯昏无人的門人。子產告訴申徒嘉說：「我先離開，你就留下，你先離開，我就留下。」次日申徒嘉又與子產同室同

〔註26〕《神學大全》第十一冊，第一四一題，第三節，正解。
〔註27〕林希逸，《莊子鬳齋口義校注》，頁87。

席而坐。子產告訴申徒嘉說：「現在我就要離開，你可以留下嗎？你不留下，而且你遇見我而不迴避，你和執政大夫齊等嗎？」

　　成玄英謂兀者申徒嘉是鄭之賢人，與鄭之賢大夫子產兩人同師伯昏无人，寄此三人以彰德充之義。〔註28〕寄寓師徒三人之學道，以彰顯「德實於內而外形骸」之義。

　　「申徒嘉曰」至「不亦過乎」，憨山大師云：「申徒嘉鄙子產之陋，乃曰先生之門，固有此不能相忘之人哉？子但知有己之執政，故以人不若己者？此陋之甚也。譏子產之不明，蓋聞老子自知者明之義，笑子產不自知也。意謂子產既遊聖人之門，而猶發言如此，足見無真學問也」。〔註29〕

　　子產心存貴賤而有榮辱之分，以為己居執政大臣，見申徒嘉見己不迴避，還當作相同身分同進同出而甚感不悅。故申徒嘉糾正子產說：「聖人之門，學道修德，還有居執政之位而高高在上這回事嗎？謂子產寵己執政之貴而卑人殘缺之賤。聽人說：『鏡子明亮則塵垢沒有停留，有停留則不明亮。久跟賢人相處則不會有過錯。』現在你從師所學的，是「先生」所教導的大道，你仍舊說出這種的話，豈不是錯誤！」

　　「子產曰」至「計子之德不足以自反邪」，陸樹芝云：「以刑餘而欲德高古帝，菲薄人爵，何不自量耶」。〔註30〕

　　子產謂：「你既如此殘缺了，而不反求諸己，猶以聖人自居，而與堯比較德行，你自己估量這付德行還不足以使自己反省？」

　　「申徒嘉曰」至「子无乃稱」，林雲銘云：「自呈其過，乃既犯者也，猶欲掩飾以為不當亡足者甚多。不呈其過，乃未犯者也，有能自責以為不當存足者甚少。二句先答他『不足自反』句。既已亡足，付之於命，這便是德。答他『計子之德』句。在羿彀中，且當必中之地，然有不中，乃倖免耳。是足之全不全，不關於有德無德，皆命使然也。怒其以倖免笑人之不幸，是先生以其先洗渥我之怒，使我亦不自知其所以然也。答他『與堯爭善』句。既洗之後，久不自知其為兀者，以不在形骸之外著意也。同取大於先生，在德上著力。

〔註28〕成英疏：「姓申徒，名嘉，鄭之賢人，兀者也。姓公孫，名僑，字子產，鄭之賢大夫也。伯昏无人，師者之嘉號也。伯，長也。昏，闇也。德居物長，韜光若闇，洞忘物我，故曰伯昏无人。子產申徒，俱學玄道，雖復出處殊隔，而同師伯昏，故寄此三人以彰德充之義也。」（〈德充符〉）
〔註29〕憨山大師，《莊子內篇憨山註》，頁348。
〔註30〕陸樹芝，《莊子雪》，頁61。

出入間又在足上著眼。再找『過』字。答他『子既若是』句。蹙然，立不安貌。已悟而厭其多言，故曰『子无乃稱』。玩『改容更貌』句，則前此之容貌不善可知，亦緣『執政』二字橫在胸中。甚哉，執政之累人也！全段謂德為良貴，勢戮皆不能與」。〔註31〕

申徒嘉謂：「辯解自己過錯，以為不當殘兀的人多，不辯解自己過錯，以為不當形存的人少，唯有德者能安頓於命之「就是如此」而不可奈何。進入羿張弓弩的射程以內，中央的地帶，必是箭射中的地方；然而，有不中箭者，這是命所使然。很多全足的人笑我缺足，我聽到極感忿怒；但來到「先生」這裡，就怒氣全消而恢復平靜。你不明白是「先生」以道德之善教導我嗎？我來老師這裡學習道德已十九年，「先生」從來沒有感覺我是缺足的人。如今你和我「遊於形骸之內」，而你卻在「形骸之外」用身體的形貌來估量我，豈不是錯誤！子產感到很羞愧，隨即面容改變說：「請你勿再說了！」

林希逸云：「狀，述也，聲述其過，以足不當亡者，眾人皆然；不言其過，以為不當存者，已鮮矣。唯有德者知事事有命，豈人之所能奈何哉！此三句是三等人。若命，順命也」。〔註32〕

釋「不狀其過以不當存者寡」，林雲銘釋「不呈其過，乃未犯者也」，與林希逸所釋「不言其過」相異，而筆者與林希逸所釋相同。

筆者觀點，這段文本的核心概念就是「德」與「形」。節德以「本生於精」之「形」內的「好情」作為其主體，以節制主體過度的慾望和快樂，使人不致於違背理性的管制和約束。物之「形」具有感官生理機能作用，尤其觸覺感官生理機能作用，在食慾和性慾方面，最能引誘人沉溺在這種的慾望和快樂裡而無法脫離。因此，「遊於形骸之內」之「德」，就是節德工夫修養的穩固基礎。

蕭裕民把《莊子》關於「德」的文獻疏理之後所得到的結論：「德」是「道」於「有」的世界之呈顯，「德」的意涵並非「物」的「有」所指涉所有的「有」，而是屬於「物」之「有」特性之發揮、性質之彰顯、個別性之展現的面向。〔註33〕

〔註31〕林雲銘，《莊子因》，頁56。
〔註32〕林希逸，《莊子鬳齋口義校注》，頁88。
〔註33〕蕭裕民，〈論《莊子》的「德」字意涵——個別殊異性〉，《高雄師大學報》，第18期，2005，154頁。

　　「知不可奈何而安之若命，唯有德者能之」之「命」，就等於「德」畜於「物」之「德」的多寡所決定。「物」得到「德」的程度，就是「命」的程度，不增一分，也不損一分，「且然无閒」之謂。此即「一之所起，有一而未形。物得以生，謂之德；未形者有分，且然无閒，謂之命」（〈天地〉）之義。因此，「物」皆有「物得以生」之「德」，亦即「物」皆有「命」。「一之所起」，「一」即是「道」，「未形者有分」則「德」已是「一」的分殊。「唯有德者能之」之「有德」，必須是「德」之全，才能合真於「道」，這是《莊子》形上學的統一原理。「德」之全，即「德者，成和之脩也」（〈德充符〉）之義。「德」之脩而「成和」，則「心」因「成和」之「德」所呈顯出「靜」的工夫境界，而有「至人」之「靈府」、「神人」之「靈臺」的名稱。「成和之脩」，就是「德」之全；就是「德不形」，「德不形」則知「事之變」、「命之行」，故能「安之若命」。

　　陳壽昌云：「形骸之內，真宰存焉。申徒嘉遊心於此，正其善造命處」。〔註34〕「真宰」，即「若有真宰，而特不得其朕。可行己信，而不見其形，有情而无形」（〈齊物論〉）之「真宰」。林希逸本作「可行已信」，解「真宰」，為「真宰，造物也」。〔註35〕

　　靈魂的動態有兩種，一種是感性嗜慾追求感官的和肉體方面的善；一種是感性嗜慾遠離感官的和肉體方面的惡。靈魂的動態即是激情（passions），則激情有兩種，一種來自身體的接觸，則是身體的激情（bodily）；一種來自靈魂的理解（apprehension of the soul），則是精神的激情。

　　第一種行動是感性嗜慾追求感官和肉體方面的善，必須聽從理性指示以合乎理性的要求，這是屬於智德。但感性嗜慾不聽從理性指示，過度追求享樂而導致行為放縱，這是屬於節德的事。由於感官和肉體方面的享樂，從類別來看，應該是服務理性，作為理性的工具，因此，並不會違反理性。但是有時候感性嗜慾追求感官和肉體方面的善卻違背理性的要求，過度去追求那些善，就形成放縱的行為。節制感性嗜慾過度去追求感官和肉體方面的善而不聽從理性的指示，這是屬於節德的事。

　　另一種行動是感性嗜慾遠離感官和肉體方面的惡，其背反理性的主要原因，並非是感性嗜慾過度追求感官的和肉體方面的善，而是感性嗜慾遠離感官肉體方面的善而產生的後果，感性嗜慾因為想逃避這種後果而背反理性之

〔註34〕陳壽昌，《南華真經正義》，頁 80。
〔註35〕林希逸，《莊子鬳齋口義校注》，頁 18。

善。對於這種背反理性的行動，堅定固執於理性之善，這是屬於節德的事。

　　所以，就如勇德這個德行，它的本質就是使人擁有堅毅不拔的耐力，能夠去聽從理性之善；並且去掃除阻礙意志所敦促的行為之善。阻礙意志遵循理性之善有兩方面而來所形成的困難，一種是來自快樂的沉溺所牽引，而形成意志不聽從理性之善；一種是來自眼前已經遭遇到的障礙，而使意志違背理性之善。為了掃除影響意志不依循理性之善的障礙，則必須增強心靈的耐力和勇敢，來對抗阻礙意志聽從理性之善所形成的困難。由於勇德所面臨的困難，主要關涉死亡的危險，足以使人失去最大肉體之善。因為，失去最大肉體之善，使人產生巨大的害怕，因此，勇德必須同時克服恐懼和緩和大膽，才能完全解決所遭遇到的人生困境，而取得自身生命安全的生存條件。節德使人的欲情所應克制的，能夠得到克制，而感性嗜慾遠離感官和肉體之惡的行動，必然造成失去感性慾望和快樂，而使人感到憂傷和痛苦。因此，節德一方面使人的欲情得到節制；另一方面使人的意志堅定不撓而固執於理性之善。〔註36〕

第三節　節德只關於觸覺的慾望和快樂

　　由行動所產生的慾望和快樂，與此行動合乎本性自然的程度成正比。動

〔註36〕多瑪斯說：「靈魂之情的動態有兩種，如同在前面《神學大全》〈I-II, 23, 2.〉討論情的時候，所已經講過的：一種是感覺嗜慾尋求感覺的和肉體方面的善，一種卻是感覺嗜慾遠避感覺的和肉體方面的惡。第一種感覺嗜慾的行動，主要是由於過度而不合理性。因為，感覺的和肉體方面的善，按照它們的類別來看，並不相反理性，反而為它服務，有如理性為達到自己的目的所用的工具。它們之所以不合乎理性，主要是由於感覺嗜慾不是按照理性的尺度，去追求那些善。為此，節制這些寓有追求善的行動的情，這原本是屬於道德涵養性德性的事。至於感覺嗜慾遠避感覺之惡的行動，其不合乎理性的主要原因，不是由於它的過度，而是由於它的後果；就是說，有時理性之善，帶有感覺和肉體方面的惡，而人為了避免這樣的惡，而離棄理性之善。為此，在這樣的事上，賦予固執於理性之善的堅定，這是屬於道德涵養性德性的事。所以，正如勇敢這一德性，其本質就是給人堅定，主要是關於那與逃避肉體方面之惡有關的情，即關於畏懼之情，繼之也是關於那因企望某種善，而抵禦使人恐怖之事的大膽之情；同樣的，那種表示節制的節德，主要是關於那些尋求感覺之善的情，即關於慾望和快樂，繼之也是關於那由於缺乏這樣的快樂，而發生的憂苦。因為，正如大膽假定先有令人恐怖的事；同樣，這種憂苦，也是來自缺乏上述的快樂。」參閱多瑪斯，《神學大全》第十一冊，第一四一題，第三節，正解。

物最合乎本性自然的行動有兩種：第一種就是用飲食來保存個體的行動。第二種就是用雌雄交配來保存種類的行動。因為，飲食和性慾的慾望和快樂，主要是隨著觸覺而產生的。所以，節德只關於觸覺的慾望和快樂。〔註37〕

> 魯有兀者叔山无趾，踵見仲尼。仲尼曰：「子不謹，前既犯患若
> 是矣。雖今來，何及矣！」
>
> 无趾曰：「吾唯不知務而輕用吾身，吾是以亡足。今吾來也，猶
> 有尊足者存，吾是以務全之也。夫天無不覆，地無不載，吾以夫子
> 為天地，安知夫子之猶若是也！」
>
> 孔子曰：「丘則陋矣。夫子胡不入乎，請講以所聞！」
>
> 无趾出。孔子曰：「弟子勉之！夫无趾，兀者也，猶務學以復補
> 前行之惡，而況全德之人乎！」
>
> 无趾語老聃曰：「孔丘之於至人，其未邪？彼何賓賓以學子為？
> 彼且蘄以諔詭幻怪之名聞，不知至人之以是為己桎梏邪？」
>
> 老聃曰：「胡不直使彼以死生為一條，以可不可為一貫者，解其
> 桎梏，其可乎？」
>
> 無趾曰：「天刑之，安可解！」（〈德充符〉）

「魯有兀者叔山无趾」至「何及矣」，王元澤云：「魯有賢者叔山無趾，也是缺一條腿。山含有形之大；也有德之大寓意於名之意，此為《莊子》制名而寓意也。叔者居伯仲之間，且為本篇兀者三位之末在申徒嘉之後故名叔山無趾」。〔註38〕

魯國有兀者叔山无趾，無足趾之故，而以踵行見孔子。孔子說：「你不謹慎，初始已經犯了錯誤而有已兀這樣的後患了。雖然現在來請教我，怎麼來得及！」

陳鼓應說：「叔山無趾踵行求見孔子，踵行即用腳後跟行走。孔子說：你不謹慎，早先已犯了這樣的過錯。現在雖然來請教，怎麼來得及呢」。〔註39〕

林希逸云：「踵見，繼見也」。〔註40〕

釋「踵見仲尼」，林希逸釋「繼見」，陳鼓應釋「踵行見孔子」，兩者所釋

〔註37〕《神學大全》第十一冊，第一四一題，第四節，正解。
〔註38〕王元澤，《南華真經新傳》，頁147。
〔註39〕陳鼓應，《莊子今註今譯》，臺北：臺灣商務印書館，2011，頁151。
〔註40〕林希逸，《莊子鬳齋口義校注》，頁89。

不同。

「无趾曰」至「安知夫子之猶若是也」，林希逸云：「不知務猶言不曉事也。尊足者，性也，尊足二字下得奇，所可貴者，不在形骸之外也」。〔註41〕

無趾說：「我只能怪自己不知節制而濫用自己形骸，我是如此而缺一條腿。現在我來這裡，尚有比足趾還尊貴的道德修養存在，吾是以達道來務實自己的內德。天無不包，地無不運，故能無不覆，無不載。吾初以夫子比為天地而無不教，無不化，怎知夫子之道德修養猶『不忘形骸』」。

釋「尊足者」，即「不在形骸之外」而「遊於形骸之內」。

成玄英釋為「無趾以為孔子與天地無異，能覆載，無私偏，何知尚不忘形骸」。〔註42〕

釋「吾是以務全之也」，即「達生之情者，不務生之所无以為；達命之情者，不務知之所无奈何」（〈達生〉）之義。「全」，即「才全而德不形」（〈德充符〉）之義。務「德」之「全」，即「德者，成和之脩也」（〈德充符〉）之義，故能「形固可使如槁木，而心固可使如死灰乎」（〈齊物論〉），而使「形骸」，猶如「槁木」、「死灰」一般。

「孔子曰」至「而況全德之人乎」，孔子說：「吾則鄙陋，叔山何不請入，議論所聞所見！」无趾離去。孔子說：「弟子勉勵啊！无趾這個人，是被刖足的，尚致力從事於學，以悔悟之心，補償以前所犯的錯誤行為，何況未曾不節制，而形骸俱全的人！」

「无趾語老聃曰」至「不知至人之以是為己桎梏邪」，俞樾按：「賓賓之義，釋文所引，皆望文生義，未達古訓。賓賓，猶頻頻也」。〔註43〕

陳鼓應訓「諔詭幻怪」，與〈齊物論〉「恢恑憰怪」義同。〔註44〕

無趾向老聃抱怨說：「孔子比於至人，恐怕還不及吧！他為何頻頻學老聃的作為？他還蘄求以『諔詭幻怪』的聲名到處傳揚，焉知至人是以這樣的作為，當成自己的『桎梏』啊？」

「老聃曰」至「安可解」，老聃說：「何不使孔子一生死，齊是非，解開『桎梏』，這樣可以嗎？」无趾說：「天所加之的刑戮，如何解得開！」

〔註41〕林希逸，《莊子鬳齋口義校注》，頁89。
〔註42〕成玄英疏：「夫天地亭毒，覆載無偏，而聖人德合二儀，固當弘普不棄，寧知夫子尚不捨形殘？善救之心，豈其如是也？」（〈德充符〉）
〔註43〕俞樾，《莊子平議》，頁335。
〔註44〕陳鼓應，《莊子今註今譯》，頁152。

　　藏雲山房主人以為〈德充符〉先有三形兀，後有兩形惡，終不以好惡內傷身。是以寓明道，不以形骸粗求其德。寓孔子非至人一條一貫之教以講學當，則又為己身之桎梏」。〔註45〕

　　蕭裕民發表的「道／物」區分研究這篇論文提到《莊子》之「物」包含人，「存有」即是「物」。並且說明「人」、「心」、「性」、「理」、「氣」、「言」皆是「物」。〔註46〕

　　「物」相對於「道」，為普遍性存有概念。「物」包含人在內，尚包含除「道」以外之形上與形下之物。「物」即是「存有」，包括亞里斯多德形上學的「自立體」〔註47〕與「依附體」〔註48〕皆是「存有」所包含之範疇。

　　　　齧缺問乎王倪曰：「子知物之所同是乎？」

　　　　曰：「吾惡乎知之！」

　　　　「子知子之所不知邪？」

　　　　曰：「吾惡乎知之！」

　　　　「然則物無知邪？」

　　　　曰：「吾惡乎知之！

　　　　雖然，嘗試言之。庸詎知吾所謂知之非不知邪？庸詎知吾所謂不知之非知邪？

　　　　且吾嘗試問乎女：民溼寢則腰疾偏死，鰌然乎哉？木處則惴慄恂懼，猨猴然乎哉？三者孰知正處？民食芻豢，麋鹿食薦，蝍蛆甘帶，鴟鴉耆鼠，四者孰知正味？猨猵狙以為雌，麋與鹿交，鰌與魚

〔註45〕藏雲山房主人云：「此假託於叔山無趾之言，以見德充符，不可以形跡求，尤不可以講學當也。一部莊子，總是因言以明道。非論事也，亦非論人也，讀者不可以辭害意焉。自此以上共三條，俱是刑餘之人，形不全而德全，何害其為全德。自此以下兩條，俱是形惡之人，形雖惡而德全，亦不厭其形惡。至末結出不以好惡內傷其身，常因自然而不益生，乃德之所以能充能符之真實妙用也。」參閱藏雲山房主人，《南華大義解懸參註》，頁230。

〔註46〕蕭裕民，〈論《莊子》所論之「物」包含「人」──兼論「形而上」的兩個層次〉，《彰化師大國文學誌》，第14期，2007年7月，頁176。

〔註47〕後來的哲學家根據亞氏和多氏的定義，給「自立體」的定義是：「不必仰賴他物而能自立，且可支持他物者」。參閱曾仰如，〈自立體與依附體之研究（上）〉，《哲學與文化》，第17卷第10期，1990年10月，頁871。

〔註48〕有些哲學家給「依附體」的定義是：「具有自然或天生傾向需求依附（非實際依附）於他物之上者」。參閱曾仰如，〈自立體與依附體之研究（下）〉，《哲學與文化》，第17卷第11期，1990年11月，頁969。

游。毛嬙麗姬，人之所美也；魚見之深入，鳥見之高飛，麋鹿見之
決驟。四者孰知天下之正色哉？自我觀之，仁義之端，是非之塗，
樊然殽亂，吾惡能知其辯！

　　齧缺曰「子不知利害，則至人固不知利害乎？」

　　王倪曰：「至人神矣！大澤焚而不能熱，河漢沍而不能寒，疾雷
破山飄風振海而不能驚。若然者，乘雲氣，騎日月，而遊乎四海之
外。死生无變於己，而況利害之端乎！」（〈齊物論〉）

　齧缺，許由之師。王倪，齧缺之師。被衣，王倪之師。被衣即是蒲衣子。
齧缺問乎王倪，即「齧缺問於王倪，四問而四不知。齧缺因躍而大喜，行以告
蒲衣子。蒲衣子曰：『而乃今知之乎……』」（〈應帝王〉）對話之內容。

　齧缺問乎王倪：夫子知「物之所同是」？

　王倪回答：我不知。

　齧缺又問：夫子知「子之所不知」？

　王倪又回答：我不知。

　齧缺再問：夫子是以為「物無知」？

　王倪再回答：我不知。

　雖然如此，王倪四問四不知，齧缺似乎無法會意。

　王闓運以為齧缺四問為：「同是」、「所不知」、「物無知」、「利害」四問。
〔註49〕

　王倪為了讓弟子齧缺能夠心領神會，遂試著解說一番。凡輩哪裡知道我
所謂你所問的知不是不知呢？凡輩哪裡知道我所謂你所問的不知不是知呢？
而且我也試著問你：人睡在潮濕之所，則病腰痛偏枯不起，泥鰍是否也是一
樣？人住在樹上，則害怕顫抖，驚恐不安，猨猴是否也是一樣？三者誰知所
居以何處為正？人吃牛羊雞豕，麋與鹿吃牧薦水草，鴟鴉烏鴉嗜食腐鼠，蝍
蛆以幼蛇當美食。四者誰知所食以何滋味為正？雌性獮猴喜好雄猵狙之色，
麋鹿相交無分別，泥鰍與魚交游無阻隔，毛嬙麗姬人間絕色，但是魚見驚嚇
而深潛水中，鳥瞥害怕而高飛空中，麋與鹿睹而急速奔跑。四者誰知所好以
何姿色為天下之正？依我看來，仁義是是非的通道，有仁義就有是非，因此，

〔註49〕齧缺四問：「同是」、「所不知」、「物無知」、「利害」。參閱王闓運，《莊子內篇
　　　注》，《無求備齋莊子集成續編》，第三十六冊，臺北：藝文印書館，1974，頁
　　　182。

樊然紛亂，殽饌狼籍，我怎能知是非之議辯。

「王倪略舉四者」之飲食習慣，成玄英已釋其義。〔註50〕

郭慶藩案：「猵狙似猿而狗頭，食獼猴，好與雄狙接」。〔註51〕

陸樹芝云：「仁義立而是非起，紛紜拉雜，辨之不勝辨。何由知之！何必知之」。〔註52〕

方潛云：「以上言齊是非以全其真也。齊是非所以齊論也」。〔註53〕

陸樹芝云：「所謂至人者，乃黜聰明，忘形骸，由止於不知，直造至與天地為一之神人、真人也。與天地為一體，則生固寄於天地，死亦歸於天地。生猶死也，死猶生也，於己毫無變動，況世途之利害何所加損，又何必知其是非耶」。〔註54〕

是非紛擾則利害滋長，故齧缺乃舉利害而四問：夫子「不知利害，則至人固不知利害」？王倪則回答：至人神妙，大湖焚燒不能使之熱，黃河與漢水冰凍不能使之寒，雷殛劈山強風破海不能使之驚。這樣的至人。坐雲端，馭日月。遊心於四海之外。死生變化於己如晝夜往來之平常，而況視若微末之端的利害，必睹而不見。

方潛云：「以上因言至人全真以齊死生也，齊死生所以齊物也」。〔註55〕

「至人神矣！大澤焚而不能熱，河漢沍而不能寒，疾雷破山飄風振海而不能驚」，與「之人也，物莫之傷，大浸稽天而不溺，大旱金石流土山焦而不熱」（〈逍遙遊〉）兩者義同。

「乘雲氣，騎日月，而遊乎四海之外」，與「乘雲氣，御飛龍，而遊乎四海之外」（〈逍遙遊〉）兩者義同。

「死生无變於己，而況利害之端乎」，與「是其塵垢粃穅，將猶陶鑄堯舜者也，孰肯以物為事」（〈逍遙遊〉）兩者義同。

〔註50〕成玄英疏：「芻，草也，是牛羊之類；豢，養也，是犬豕之徒；皆以所食為名也。麋與鹿而食長薦茂草，鵁鷞鸍鳥便嗜腐鼠，蝍蛆食蛇。略舉四者，定與誰為滋味乎？故知盛饌疏食，其致一者也。」（〈齊物論〉）

〔註51〕郭慶藩案：「《御覽》九百十引司馬云：猵狙似猨而狗頭，食獼猴，好與雄狙接。」（〈齊物論〉）

〔註52〕陸樹芝，《莊子雪》，頁29。

〔註53〕方潛，《南華經解》，《無求備齋莊子集成續編》，第三十六冊，臺北：藝文印書館，1974，頁35。

〔註54〕陸樹芝，《莊子雪》，頁29。

〔註55〕方潛，《南華經解》，頁35。

褚伯秀云:「諸解於齧缺首問『物之所同是』一句,似欠發明。竊考經意,蓋謂人物之所同者性,所異者情。性流為情,物各自是,彼此偏見,指馬相非,論殊而嫌隙生,辯極而忿爭起,以至肝膽楚越、父子路人者有之。其患實始於知之一字,妄生分別。故王倪三答『吾惡乎知之』,欲齧缺反求其所不知,得其同然之性,而冥夫大通之理,則近道矣。又恐未能心會,繼以嘗試言之,引喻人、鳥、獸之異宜,以證處、味、色之非正,然則所謂知者,豈其真知?所謂不知,豈真不知哉」。〔註56〕

人為有理性的「物」,「人物之所同者性,所異者情」,是儒家孟子人性論的說法,朱熹繼承之。

《莊子》從形論性,「留動而生物,物成生理,謂之形;形體保神,各有儀則,謂之性。性脩反德,德至同於初」(〈天地〉),形為動物之所同者。動物皆有好惡之情,此乃人與動物之所同者。人因有理性,且有是非好惡之情,但是非好惡之情,非人所必要者。因此,「惠子謂莊子曰:『人故无情乎?』莊子曰:『然。』」(〈德充符〉)

「物」有形,即有感性慾望,此乃人與動物所同者。所以,由「物」所同之形,具有追求物慾以滿足感性慾望,就是「物」好惡之情所推動的基本官能。這部分的官能作用,影響動物生存與繁衍的行為能力。《莊子》特別提到「孰知正處」、「孰知正味」、「孰知天下之正色」三種動物官能作為例證。

因此,「物」之「同」、「物」之「是」、「物」之「知」,為《莊子》「形上學」、「知識論」、「倫理學」之哲學基本問題,提供理想的思考路徑與思考方向。

《莊子》節德是對「物」之「形」,所擁有之「好情」,即感性慾望之管制和約束。

筆者觀點,申徒嘉「遊於形骸之內」,叔山无趾「猶有尊足者存」,皆是遊於道德之內而忘形遺知於外之人,則其德內充而外其形骸。「物成生理,謂之形」,「形體」為「物」之感官生理機能和組織器官的全體。節德節制人之欲情所應節制的,即感覺的和肉體的享樂。靈魂之感官激情過度貪婪感覺的和肉體的享樂,這是屬於節德的事。靈魂之感官激情遠離感覺的和肉體的惡所產生之結果,即是由於失去慾望和快樂的這種結果,使人憂傷和痛苦,而讓人的意志不遵循理性之善。於此,給予堅定固執於理性之善,這是節德的事。

〔註56〕褚伯秀,《南華真經義海纂微》,頁90。

「物」之形骸，《莊子》以「正處」、「正味」和「天下之正色」為「物之所同是」。因此，食慾和性慾的節制為節德所應節制的主要慾望，而食慾和性慾是人與動物共同所有的低級慾望。

《莊子》對於靈魂之身體的激情使人過度追求感覺的和肉體的享樂，則「遊於形骸之內」以充實內德；不遊於「形骸之外」，則使人之欲情合乎中道。

> 子綦曰：「偃，不亦善乎，而問之也！今者吾喪我，汝知之乎？女聞人籟而未聞地籟，女聞地籟而未聞天籟夫！」
>
> 子游曰：「敢問其方。」
>
> 子綦曰：「夫大塊噫氣，其名為風。是唯无作，作則萬竅怒呺。而獨不聞之翏翏乎？山林之畏佳，大木百圍之竅穴，似鼻，似口，似耳，似枅，似圈，似臼，似洼者，似污者；激者，謞者，叱者，吸者，叫者，譹者，宎者，咬者，前者唱于而隨者唱喁。泠風則小和，飄風則大和，厲風濟則眾竅為虛。而獨不見之調調，之刀刀乎？」
>
> 子游曰：「地籟則眾竅是已，人籟則比竹是已。敢問天籟。」
>
> 子綦曰：「夫吹萬不同，而使其自己也，咸其自取，怒者其誰邪！」（〈齊物論〉）

筆者觀點，自然道德律主要三條誡命，和「地籟」、「人籟」、「天籟」作類比思考，則可發現頗為有趣的地方。第一條是萬物都有保存個體和繁殖物種的自然本性，而食慾和性慾則是作為保存和繁殖的必要條件，且食慾和性慾又只是關於觸覺的慾望和快樂。

自然道德律第一條，和「地籟」形成類比關係，乃「風」所觸之「眾竅」，以成「吹萬」之「地籟」。包括人、動物、植物和生物的每一實體之保存與繁殖的自然本性，都必須依賴聲音（語言）和有關觸覺的慾望才能發揮自然本性之最大功能。

自然道德律第二條，和「人籟」形成類比關係，乃「比竹」吹奏之「人籟」。人與動物所共有的自然本性包括生育、養育和教育，「比竹」隱喻生育、養育、教育，群屬生活之形式和內容。至於萬物都有利用飲食，以保存個體，「噫氣」，即消化系統之「噫氣」，喻大地物種利用飲食以保存個體。

自然道德律第三條，和「天籟」形成類比關係，乃「怒者其誰邪」，即所謂「造物者」之「天籟」。人類必須過社群的生活，並且，人都有認識有關天道之真理的自然本性。

　　自然物種之繁衍與保存個體生存下去的自然本性有兩方面：一方面是個體的成長和茁壯，必須依賴飲食營養均衡的補充才能達致。一方面是物種的繁衍和興旺，必須依靠兩性相悅親密的關係方能完成。因此，靈魂身體的激情即是感覺的和肉體的享受和快樂。「物」之「形」、「身」，是感官生理機能作用和組織器官之全體。節德以感性慾望之欲情作為其主體，則節德是關於感性慾望之欲情的享受和快樂。因此，節德關於慾望和快樂，猶如勇德關於畏懼和大膽一樣，節德是快樂的中道，勇德是忍受痛苦的中道。節德既然是關於慾望快樂的極致，則快樂是建基於符合本性自然的原理而產生。所以，愈是合乎本性自然基本原理的行為，愈能產生較大的快樂。然而，動物最符合自然本性基本原理的行為有兩種：一種是藉由飲食以維護個體生存的自然本性。一種是藉由男女性的結合以維繫種類的自然本性。因此，節德本來就是關於飲食的快樂和男女兩性結合的快樂。而食慾和性慾的快樂，主要都是經由觸覺產生。因此，節德只是關於觸覺的慾望和快樂。〔註 57〕

　　勇德與節德皆以靈魂非理性部分感性慾望作為其主體。勇德以感性慾望的憤情作為其主體，節德以感性慾望的欲情（the concupiscible）作為其主體。節德以欲情作為其主體，只負責控制食慾和性慾的責任，而食慾和性慾為人與動物所共同擁有的低級慾望。節德使人得以節制所應節制的。節制主要是節制慾望，因為節制是讓享受快樂方面能夠符合中道，而不致於到了放縱的程度。由於享樂主要屬於觸覺方面享受的快樂，肉體方面享受的快樂，當然也是屬於觸覺方面享受的快樂。至於精神方面快樂的享受並不包含在內。

　　節德是對於「本生於精」之「形」的「好情」的管制和約束。因為，「形」對於觸覺方面快樂的享受感覺最強烈。對於「正味」和「天下之正色」，永無止境的追求，則沉溺在貪戀食色之中，遂無法自拔，而成為終日飽食思淫慾之徒。

〔註 57〕多瑪斯說：「如同前面《神學大全》〈II-II, 141, 3.〉已經講過的，節德之關於慾望和快樂，有如勇德之關於畏懼和大膽。可是，勇德之關於畏懼和大膽，是著眼於最大的、能使本性毀滅的惡，即死亡的危險。為此，節德也同樣應該是關於欲望最大的快樂。由於快樂是隨合乎本性自然的行動而來，所以行動愈是合乎自然，隨後而來的快樂也愈是強烈。可是，動物最合乎本性自然的行動，就是用飲食來保存個體的本性自然，以及因雌雄交配來保存種類之本性自然的行動。所以，節德原本是關於飲食的快樂，以及男女結合的快樂。可是，這樣的快樂是跟著觸覺而來的。由此可見，節德是關於觸覺的快樂的。」參閱多瑪斯，《神學大全》第十一冊，第一四一題，第四節，正解。

　　因為，食慾和性慾控制並不困難，相較於感性慾望之憤情作為其主體的勇德，欲情更容易控制。所以，四樞德以節德為末，無法控制食慾和性慾之人，應該感到「羞愧」（shamefacedness）和「恥辱」（desgrace）。〔註58〕

　　因此，「形體保神，各有儀則，謂之性。性脩反德，德至同於初」，形體保存「精神」於內，符合儀則便能夠達到「節制」的要求，便不致於陷溺在食慾和性慾之中無法自拔，而成為一個行為放縱的人。

第四節　節德是否只關於味覺所固有的快樂

　　節德主要是關於觸覺的快樂。至於節德關於味覺、嗅覺和視覺的快樂，只有一種次要的關係。不過，由於味覺與觸覺的相似度高於其他感官，因此，節德與味覺的關係，比其他感官的關係更大。〔註59〕

　　　　魯哀公問於仲尼曰：「衛有惡人焉，曰哀駘它。丈夫與之處者，
　　　　思而不能去也。婦人見之，請於父母曰『與為人妻寧為夫子妾』者，
　　　　十數而未止也。未嘗有聞其唱者也，常和人而已矣。无君人之位以
　　　　濟乎人之死，无聚祿以望人之腹。又以惡駭天下，和而不唱，知不
　　　　出乎四域，且而雌雄合乎前。是必有異乎人者也。寡人召而觀之，
　　　　果以惡駭天下。與寡人處，不至以月數，而寡人有意乎其為人也；
　　　　不至乎期年，而寡人信之。國无宰，寡人傳國焉。悶然而後應，氾
　　　　若辭。寡人醜乎，卒授之國。無幾何也，去寡人而行，寡人卹焉若
　　　　有亡也，若無與樂是國也。是何人者也？」（〈德充符〉）

　　呂惠卿云：「無君位則至貴之德不足名。無聚祿則至富之業不足比。天下皆以情求之而不得，則以為至賾而思之。神無方而無不在，則知不出乎四域也。萬物負陰而抱陽則分矣，雌雄合前，妙乎萬物而不測，是以意其異乎人。悶然氾若，則非肯以物為事。卒授之國，亦寓焉耳。無幾何而行，窅然喪之

〔註58〕潘小慧說：「根據亞里斯多德《尼各馬科倫理學》第二卷第七章與第三卷第十
　　　　章所述，節德使人的欲情得以克制所應克制的；勇德使人的憤情得以追求所
　　　　應追求的。兩者皆以感性慾望為主體，但勇敢是忍受痛苦的中道（中庸之道），
　　　　而節制是享受快樂的中道，與痛苦關係較少，同時由於節制主要是控制食慾
　　　　和性慾的責任，這二種慾望乃人獸所共有的低極慾望，此為兩者的差別之
　　　　處。」參閱潘小慧，《四德行論──以多瑪斯哲學與儒家哲學為對比的探究》，
　　　　頁329。
〔註59〕《神學大全》第十一冊，第一四一題，第五節，正解。

也」。〔註60〕

　　魯哀公問孔子：衛國有一位形貌醜陋姓哀駘名它的人。男人與他相處，就產生思戀而不願離開；婦女與他相見，就和父母說：與其嫁為人妻，寧願作哀駘它側室的人，就有十數人以上而且不斷增加。從未聽過他倡導什麼，只是常常附和庸俗之見而已。他沒有官宦地位的權勢以救濟瀕死的人，也沒有積蓄多餘的財富以填飽饑餓的人。而且，他以醜陋外形，驚駭天下之人，附和別人而不主動倡導，知名不出分外之事，而丈夫婦人都來與他熱烈互動，一定是有異於常人之處。魯哀公自謙孤寡，召它入審視觀察，果然醜陋足令天下人驚駭。與寡人相處不到一個月，寡人便感到其有可愛之處；不到一年，寡人就對其信任。國無良相，寡人則委其以國政。而其無意承應國事，悶然虛應，氾然不在意，好像推辭的樣子。寡人自覺形慚而愧不如，終欲授其宰輔的地位。沒多久之後，便告別寡人而離去，寡人憂慮，若有所失，彷彿魯國無人能與寡人共同歡樂了。哀駘它是怎樣的一個人啊？

　　釋「且而雌雄合乎前」，文本中這一詞句，各家解釋頗有出入。

　　郭象和成玄英訓「雌雄」為禽獸。〔註61〕

　　陸永品解釋這一詞句：「合乎前：前來親近。合，親近。「且而」句：謂男人和女人都來親近」。〔註62〕

　　褚伯秀引《列子》文句為證，「雌雄」作「禽獸」失解。〔註63〕

　　劉鳳苞以「才全」者，「與物為春」而「物不能離」。〔註64〕

　　成玄英以「才全德充」者，「物不能離」。〔註65〕

〔註60〕呂惠卿，《莊子義》，頁58。

〔註61〕成玄英疏：「雌雄，禽獸之類也。夫才全之士，與物同波，人無害物之心，物無畏人之慮，故鳥與獸且羣聚於前也。」（〈德充符〉）

〔註62〕陸永品，《莊子通釋》，北京：經濟管理出版社，2004，頁76。

〔註63〕「按雌雄之義，所解不一。或以為禽獸者，本於《列子》『雌雄在前，孳尾成群』之說。竊考經意，『丈夫與之處，思而不能去，婦人願為妾』之語，則雌雄合乎前，言丈夫婦人歸之者眾也。」參閱褚伯秀《南華真經義海纂微》，頁213。

〔註64〕劉鳳苞云：「和而不唱，無所見其才也，而丈夫之思、婦人之請，以及哀公之有意其人，信而傳國，曾不以惡駭天下而置之。『寡人醜乎』一語，不獨忘它之惡，若且自慚形穢，而恐無當於其心。寫駘它渾然無迹，處處是與物為春的本領，處處是物不能離功效。」參閱劉鳳苞，《莊子雪心編》，頁127。

〔註65〕成玄英疏：「哀駘它才全德滿，為物歸依，大順羣生，物忘其醜。遂使丈夫與

郭象以「才全」者，物、食、色，不招而自往。〔註66〕

「是必有異乎人者也」，成玄英疏：「一無權勢，二無利祿，三無色貌，四無言說，五無知慮。夫聚集人物，必不徒然，今駘它為眾歸依，不由前之五事，以此而驗，固異於常人者也」（〈德充符〉）。

釋「悶然而後應，氾若辭」，王先謙云：「悶然不合於其意，而後應焉。氾然不係於其心，而若辭焉」。〔註67〕

「悶然而後應，氾若辭」，郭象注：「寵辱不足以驚其神。人辭亦辭」（〈德充符〉）。

筆者觀點，哀駘它乃形惡之人，驚駭天下。人與之處，「思而不能去」；「寧為夫子妾」；「若無與樂是國也」，其何人也？此德行充足之人。他的德行，「和而不唱，知不出乎四域」，是「外於形骸」。「悶然而後應，氾若辭」，即是節德於人之欲情，節制所應節制者。「且而雌雄合乎前」、「物不能離」（〈德充符〉）則是「遊於形骸之內」。感性嗜慾遠避感官之惡的行動，其違反理性的主要原因，並非感官享樂的過度無節制，而是後果。就是失去感覺的和肉體之享受和快樂，必然產生悲苦和憂傷，而賦予固執理性之善的堅定，屬於節德。

覃明德則提出《莊子》中，「惡」至少具有二重義，第一重是「違反社會標準」稱之為惡，此乃《莊子》所否定；第二重「自然天性的抹殺」稱之為惡，此乃《莊子》所認定。〔註68〕

筆者觀點，《莊子》對於「惡」之批判，有兩個向度。

第一種向度，肉體感官方面。這部分蘊涵「社會規範標準」，譬如「君人者以己出經式義度，人孰敢不聽而化諸」（〈應帝王〉）、「小盜者拘，大盜者為

之同處，戀仰不能捨去；婦人美其才德，競請為其媵妾。十數未止，明其慕義者多；不為人妻，彰其道能感物也。」（〈德充符〉）

〔註66〕郭象注：「明物不由權勢而往。明非求食而往。明不以形美故往。非招而致之。不役思於分外。夫才全者與物無害，故入獸不亂羣，入鳥不亂行，而為萬物之林藪。」（〈德充符〉）

〔註67〕王先謙，《莊子集解》，頁50。

〔註68〕覃明德說：「『趨善避惡』向來是世人的生活準則，實乃無須多費唇舌論之的現象。但是在選擇如何趨善避惡的方法之前，『善』、『惡』究竟意指為何？理當是我們優先思考的問題。在《莊子》中，『惡』至少具有二重義，第一重是『違反社會標準』稱之為惡，此乃《莊子》所否定；第二重『自然天性的抹殺』稱之為惡，此乃《莊子》所認定。」覃明德，〈《莊子》論「惡」與「痛苦」〉，《東方人文學誌》，第7卷第4期，2008年12月，頁25。

諸侯」（〈盜跖〉）。人的認知與身體感官運作的習性無法分離，但感官判斷事物對錯，常憑一己「好惡之情」而被左右，事實真相根本無法洞察釐清，此即「道隱於小成，言隱於榮華」（〈齊物論〉）之義。節制人遠避肉體感官之惡而背離理性之善，這屬於節德。因為，節德管制和約束那些追求屬於欲情之善的情，接著也會間接約束其他所有的情。譬如遠避感覺的和肉體之惡而背離理性之善，而節制那些追求感覺的和肉體的享樂之過度慾望，則憂傷變為適度，人便能忍受這種痛苦而不違反理性之善。

第二種向度，自然本性方面。這部分蘊涵「自然天性的抹殺」，譬如澤雉「不蘄畜乎樊中。神雖王，不善也」（〈養生主〉）。自然本性受到限制，縱使物質方面的享受和快樂無缺，仍與理性之善背道而馳。而且，物質方面的享受和快樂追求太過，感官的需求不易滿足，則「一志」的信德消失，人不「聽之以氣」而「聽之以耳」、「聽之以心」。而使追求最高目的之「意向」改變，使「神」轉而趨向表面善和目的。又譬如「駢拇枝指，出乎性哉！而侈於德」（〈駢拇〉）。人自然本性是出於「道」、「德」、「命」、「性」、「形」、「情」的本然狀態的中和不偏，「侈」於本然狀態的「駢拇枝指」皆是有餘或不足，故其憂則一。故「仁人」（同上）、或「不仁之人」（同上），或「蒿目而憂世之患」（〈駢拇〉）、或「決性命之情而饕貴富」（同上），皆於自然本情有所違逆。什麼是自然本性？

> 北海若曰：「牛馬四足，是謂天；落馬首，穿牛鼻，是謂人。故曰，无以人滅天，无以故滅命，无以得殉名。謹守而勿失，是謂反其真。」（〈秋水〉）

「人」、「故」、「得」三者，皆是肉體感官方面的感性慾望，這部分是人身體激情的欲情。應節制所應節制的，屬於節德。

「天」、「命」、「名」三者，皆是屬於第一實體靈魂所蘊涵的本質和存在，是理性存有之自然本性，切勿受到「人」、「故」、「得」肉體感官方面的感性慾望左右而輕易淪喪。

> 仲尼曰：「丘也嘗使於楚矣，適見㹠子食於其死母者，少焉眴若皆棄之而走。不見己焉爾，不得類焉爾。所愛其母者，非愛其形也，愛使其形者也。戰而死者，其人之葬也不以翣資；刖者之屨，无為愛之；皆无其本矣。為天子之諸御，不爪翦，不穿耳；取妻者止於外，不得復使。形全猶足以為爾，而況全德之人乎！今哀駘它未言

　　而信，无功而親，使人授己國，唯恐其不受也，是必才全而德不形
　　者也。」（〈竹充符〉）

　　林疑獨云：「豚子之於母，生為己類，死則不類矣，喻君子以才德為類，
而不以形骸為愛。形謂六骸耳目。使其形者，道德性命之理也。戰死而無用
翣，刖者之無用屨，喻形以才德為本，非其本則形無用也。嬪御、翦爪、娶妻
者，以形傷不使，蓋擇形全者為用，況全德之人乎」。〔註69〕

　　魯哀公問於孔子，哀駘它「是何人者也」。孔子說：丘遊列國而行至楚地，
恰巧遇見豚子吸吮其死母之乳，少傾之間，皆眴目驚慌棄母逃走，不見己類
之故。才德為生之類。才德者，指精神而言。豚子愛豚母，非愛豚母之形，愛
其使形之精神。豚子「不見己」、「不得類」故棄母而逃。戰死舉行葬禮，不用
武飾之具；缺足之人，無愛其屨。因為，武飾之具和屨，不是足和將的根本。
天子甄選嬪御；丈夫新婚燕爾，皆偏好外形美色。「不爪翦」、「不穿耳」、「不
得復使」，皆求形全而精神不虧。形全而精神不虧，已為人所喜好，何況德全。
「形全」小而易取，「德全」大而難得。「精神不虧」尋常，「精一神全」罕有。
因此，「有言而信」、「有功而親」，因才德顯見而為人所喜愛。「未言而信」、
「无功而親」，必是「才全而德不形」，物乃不能離。

　　釋「不見己焉爾，不得類焉爾」，成玄英釋為「不見己類」。〔註70〕

　　羅勉道云：「豚子安知其為母，但知己所食而已，今忽不見己所食也。類，
似也。今所食之乳，忽不似每日也」。〔註71〕

　　釋「眴若」，俞樾釋為「眴然」。〔註72〕

　　釋「使其形者」，郭象釋為「才德」；成玄英釋為「精神」。〔註73〕

　　羅勉道云：「使其形者，神也。豚子本不理會得母死，忽棄之而走者，神
不相接也。以喻哀駘它前日相處非以形交，乃以神交。一旦失之，如豚子失
其母之神」。〔註74〕

〔註69〕褚伯秀，《南華真經義海纂微》，頁210。
〔註70〕成玄英疏：「丘曾領門徒，遊行楚地，適見豚子飲其死母之乳，眴目之頃，少
　　　　時之間，棄其死母，皆散而走。不見己類，所以為然。」（〈德充符〉）
〔註71〕羅勉道，《南華真經循本》，頁83。
〔註72〕俞樾按：「眴若，猶眴然也。〈徐无鬼篇〉眾狙見之，恂然棄而走。此云眴若，
　　　　彼云恂然，文異義同。」參閱俞樾，《莊子平議》，頁337。
〔註73〕成玄英疏：「郭注曰，使形者才德也。而才德者，精神也。豚子愛母，愛其精
　　　　神；人慕駘它，慕其才德者也。」（〈德充符〉）
〔註74〕羅勉道，《南華真經循本》，頁83。

釋「翣」和「屨」,郭象和成玄英皆釋為「不是足和將的根本」。〔註75〕

羅勉道云:「資,送葬也。形為本,翣與屨為文」。〔註76〕此處「形」,即「形骸」,「文」,即葬之「所資」與足之「所用」。「文」以「形」為「本」,無足則屨無所用之謂。

哀公曰:「何謂才全?」

仲尼曰:「死生存亡,窮達貧富,賢與不肖毀譽,饑渴寒暑,是事之變,命之行也;日夜相代乎前,而知不能規乎其始者也。故不足以滑和,不可入於靈府。使之和豫,通而不失於兌;使日夜無郤而與物為春,是接而生時於心者也。是之謂才全。」

「何謂德不形?」

曰:「平者,水停之盛也。其可以為法也,內保之而外不蕩也。德者,成和之修也。德不形者,物不能離也。」

哀公異日以告閔子曰:「始也吾以南面而君天下,執民之紀而憂其死,吾自以為至通矣。今吾聞至人之言,恐吾無其實,輕用吾身而亡其國。吾與孔丘,非君臣也,德友而已矣。」(〈德充符〉)

趙以夫云:「死生至寒暑十六者,人所不能免,循環晝夜,莫規始終而不足以亂吾天和;入吾方寸,盎然歡然,萬象皆春,接而生時,感而遂通也。水停之盛,天下為法也。德脩而成和,和則同物,德離物則形,形則非德也。此哀公所以稱孔子為德友也」。〔註77〕

哀公說:何者為「才全」?

孔子說:「死生存亡」,即「死生有待邪?皆有所一體」(〈知北遊〉)之義,則「死生存亡」為一體,死生為一之謂。「窮達貧富」、「賢與不肖」、「毀譽」、「饑渴」、「寒暑」,有「事之變」,屬於人事。有「命之行」,屬於天道命物之化。「命之行」,即「備物以將形,藏不虞以生心,敬中以達彼,若是而萬惡至者,皆天也,而非人也,不足以滑成,不可內於靈臺」(〈庚桑楚〉)之義,皆

〔註75〕郭象注:「翣屨者以足武為本」;成玄英疏:「軍將行師,陷陣而死,及其葬日,不用翣資。是知翣者武之所資,屨者足之所用,形者神之所使;無足屨無所用,無武則翣無所資,無神則形無所受。然翣屨以足武為本,形貌以才德為原,二者無本,故並無用也。」(〈德充符〉)

〔註76〕羅勉道云:「翣,以木為筐,衣以白布,畫雲氣,其上有柄,如扇,以障柩。」參閱羅勉道,《南華真經循本》,頁84。

〔註77〕褚伯秀,《南華真經義海纂微》,頁212。

不是屬於人事的「事之變」，而是屬於天的「命之行」。「日夜相代乎前」，寒來暑往、晝夜更替，屬於規律事物之變化，人尚可以預測而知曉。「而知不能規乎其始者也」，屬於無法預知終始的「命之行」。因此，「不足以滑成，不可內於靈臺」，與「故不足以滑和，不可入於靈府」義同。「靈臺」，與「靈府」義同，兩者皆是「德者，成和之脩也」的工夫修養境界。「命之行」不入於「成和」之心則「豫」悅。「通而不失於兌」，「通」即〈大宗師〉「同於大通」之「通」。「兌」，即「和」，「同於大通」而不失於「和」。歷代注疏皆訓「兌」為「悅」，望文生義而未達核心真義。「使日夜无郤而與物為春」，乃是與道常在不離日夜無間斷之「常德不忒」。

　　哀公又問「何謂德不形」？

　　「平者，水停之盛也。其可以為法也」，與「水靜則明燭鬚眉，平中準，大匠取法焉」（〈天道〉）義同。心之「清靜」如鏡，即是「德者，成和之脩也」之「德全」，而使「心」呈顯如水「必清必靜」（〈在宥〉）之結果。

　　「內保之而外不蕩也」，與「聖人之心靜乎！天地之鑑也，萬物之鏡也」（〈天道〉）義同。心靜則可為萬物之鏡，「德盛」內保而外不「蕩乎名」（〈人間世〉）。

　　「德者，成和之脩也」，即「性脩反德，德至同於初」（〈天地〉）之謂。「成和」之「德」，即是與道合真之全德，故「不形」，即不落入形骸之層次。因為，分殊之德落在形骸層次，全德與道合真則落在精神層次。「德不形」才有「才全」，而「常德不忒」，故「物不能離也」。

　　哀公他日向孔門弟子閔子騫傾訴：初始吾以「南面而君天下」，即遊於「形骸之外」，猶未忘貴賤，「執民之紀而憂其死」，哀公所執乃「物」之「形骸」而非「執古之道」（〈老子十四章〉），而「為者敗之，執者失之」（〈老子六十四章〉），所學乃「為學日益」（〈老子四十八章〉），而非「絕學」（〈老子二十章〉），則「憂其死」而無法「無憂」（〈老子二十章〉），「吾自以為至通矣」，則所同非道，而是同於身體形骸，故無法「道通為一」（〈齊物論〉），此即「道者同於道，德者同於德，失者同於失」（〈老子二十三章〉）之義，哀公自以為同於身體形骸能「至通」。「今聞至人之言，恐吾無其實」，意謂形全而無才德之實。「輕用吾身而亡其國」，與「吾唯不知務而輕用吾身，吾是以亡足」兩者義同。「輕用」，無法節制之謂。「吾身」，即身體形骸。「輕用吾身」，即「索於形骸之外」。因此，失去「吾國」，與失去「吾足」義同。

哀公聞孔子「至人」之言，謂聽聞「德充」之言。故哀公自言：與孔子「非君臣也，德友而已」。

何謂「事之變」和「命之行」，王邦雄將「十六目」分為「命之行」、「事之變」二類。〔註78〕

窮達、饑渴、毀譽、貧富，這是「事之變」，屬於「人事變遷」；死生、存亡、寒暑、賢不肖，這是「命之行」，屬於「氣命流行」。

何謂「才全」，現代學者的解釋各有精義。

傅佩榮認為「才全」是形全提升到德全的關鍵。〔註79〕

陳鼓應釋「才全」為「才質完備」。〔註80〕

岑溢成釋「才全」為「全其自然之本性」。〔註81〕

何謂「內保之而外不蕩」，則舉兩位學者之解釋。

唐君毅訓「外不蕩」為「外不蕩乎名」。〔註82〕

趙明媛訓「內保之而外不蕩」為「內保德而外不蕩乎名」。〔註83〕

兩位學者的解釋無異。

〔註78〕王邦雄說：「孔子解釋什麼叫才全。人生的問題：死生、存亡、寒暑、賢不肖，這是命之行；窮達、饑渴、毀譽、貧富，這是事之變；一個是氣命的流行，一個是人事的變遷。」參閱王邦雄，〈《莊子系列（五）》德充符〉，《鵝湖月刊》，第 18 卷第 10 期，1993，頁 35。

〔註79〕傅佩榮說：「才全：面對一切處境，皆能不失其『真實』。『才』指保持真實的能力而言。因此，才全是由形全提升到德全的關鍵。」參閱傅佩榮《莊子解讀》，新北：立緒文化事業有限公司，2012，頁 93。

〔註80〕陳鼓應說：「才全：才質完備。並引林希逸說：『才全，猶言全其質性也。』亦引釋德清說：『才者，謂不以外物傷戕其性，乃天性全然未壞，故曰全。』」參閱陳鼓應，《莊子今註今譯》，頁 156。

〔註81〕岑溢成說：「在莊子思想體系裡，萬物之『本性』就是『自然』，『事之變』、『命之行』是『自然』；體悟此『自然』而不使其內動己心也是『自然』，這就是全其自然之本性，也就是『全其才』，用莊子之用術來言，就是『才全』。」參閱岑溢成，〈孟子告子篇之「情」與「才」論釋（下）〉，《鵝湖月刊》，第 59 期，1980，頁 13。

〔註82〕唐君毅說：「德不形，則指『內保之，而外不蕩也』。此不蕩，即人間世不蕩乎名之旨。德不蕩乎名，則德恆存乎其人；而人與之相接，即與其德相接，而不能離。此其所以感人之如此其切，至哀公欲傳其國於哀駘它之故也。」參閱唐君毅，《中國哲學原論·原道篇卷一》，臺北：臺灣學生書局，1986，頁 372。

〔註83〕趙明媛說：「『內保之而外不蕩』即『內保德而不外蕩乎名』；『內保德而不外蕩乎名』謂『內保吾德而不使之流散以致於有德名』。」參閱趙明媛，〈《莊子·德充符》析論〉，《勤益學報》，第 13 期，1996 年 2 月，頁 10～11。

所謂「德不形」，陳治安云：「但論德不在形貌上耳」。〔註84〕

亦即「學道」，即是「養生」，與「治身」（〈在宥〉）義同。「全德」，在於「外形骸」，即「遊於形骸之內」之義。

節德是節制人感覺的和肉體的享受和快樂。因此，節德是關於慾望和快樂。節德關於快樂主要是與人生命的保存，不管是人類生命的保存，或是個人生命的保存，都有很大的關係。節德關於慾望和快樂的產生，也分為主要和次要兩項。主要的，包含兩種必要者，可提供物種生命保存與個體生命保存。第一種提供物種生命保存的必要者，是物種的性對象。第二種提供個體生命保存的必要者，是食物。這兩種必要者的利用，主要的是產生最大快樂。次要的是讓主要的兩種必要者，能再產生更多快樂的事物。譬如人物性對象的艷麗和裝飾；飲食的滋味和香氣。因此，節德對於人的欲情節制，主要是關於觸覺的快樂。這種觸覺的快樂，都是跟隨使用提供生命保存的兩種必要者才會產生；而使用這兩種必要者，都是由觸覺所作用。屬於次要的味覺、嗅覺和視覺的快樂，與節德則只有次要的關係。因為，這些感官的對象，只與使用提供生命保存的必要者所產生的快樂有關係，但快樂是觸覺方面的。但是，味覺比起其它感覺器官，更接近觸覺。所以節德與所有感官的關係比較，觸覺之後就是味覺。基於提供萬物無論物種生命保持或個體生命保存的必要者，就是性的對象和食物；萬物對於這兩種必要者的嗜慾必然產生生理和心理方面的需求，這種必然產生的需求就是萬物的自然本性。因此，「自然法律」就蘊涵這兩方面的精神，作為萬物自然本性發展的法則和原理。〔註85〕

〔註84〕陳治安云：「夫論德充符之意在遺形而內全其德。前叔山無趾之言曰：吾唯不知務而輕用吾身，吾是以亡足。今哀公亦曰：吾聞至人之言，恐吾無其實，輕用吾身而亡吾國。又競競以形體為重者，莊子之立意固在養生全吾身所以全吾德，但論德不在形貌上耳。」參閱陳治安，《南華真經本義》，《無求備齋莊子集成續編》，第二十六冊，臺北：藝文印書館，1974，頁179云。

〔註85〕多瑪斯說：「如同前面第四節已經講過的，節德是關於那些主要的快樂的；這些快樂對於保存人的生命，無論是個人的也好，或是人類的也好，都有很大的關係。其中有的主要，有的次要。主要的，就是在於使用那些所必需者，如為保存人類所必需的女性，又如為保存個人生命所必需的飲食。就在使用這些所必需者時，附有一種必然的快樂。至於次要的，則在於使用上述兩種所必需者時，那能使使用產生更大快樂的事物，如：婦女的美姿和裝飾，以及食品悅人的滋味和香氣。為此，節德主要是關於觸覺的快樂。這種快樂本來就是跟著使用那些所必需者而來的；而使用那些所必需者，都是在於觸覺方面。至於味覺、嗅覺和視覺的快樂，與有沒有節德，只有一種次要的關係；

第五節　節德的尺度按照現世生活之所需

　　理性的秩序，就是把一些事物導向目的。而理性之善，就是在於這種目的。因為，善與目的，都具有理性秩序這種本質。而且，目的本身，就是這種導向目的者的尺度。然而，人所使用的這一切，即那些提供給人快樂的東西，都是以現世生活的某種需要作為目的。因此，節德以現世生活之所需，作為人所使用快樂之物的尺度。〔註86〕

　　　　闉跂支離无脤說衛靈公，靈公說之；而視全人，其脰肩肩。甕
　　盎大癭說齊桓公，桓公說之；而視全人，其脰肩肩。故德有所長而
　　形有所忘，人不忘其所忘而忘其所不忘，此謂誠忘。故聖人有所遊，
　　而知為孽，約為膠，德為接，工為商。聖人不謀，惡用知？不斲，
　　惡用膠？无喪，惡用德？不貨，惡用商？四者，天鬻也。天鬻者，
　　天食也。既受食於天，又惡用人！有人之形，无人之情。有人之形，
　　故羣於人，无人之情，故是非不得於身。眇乎小哉，所以屬於人也！
　　謷乎大哉，獨成其天！（〈德充符〉）

　　「闉跂支離无脤說衛靈公」至「其脰肩肩」，成玄英疏：「闉，曲也，謂攣曲企踵而行。脤，脣也，謂支體坼裂，傴僂殘病，復無脣也。甕，盆也。脰，頸也。肩肩，細小貌也。而支離殘病，企踵而行；瘤癭之病，大如盆甕」（〈德充符〉）。

　　有二個人，一個拐腳、駝背、缺脣遊說衛靈公；一個頸部長癭瘤大如盆甕遊說齊桓公。他們形貌醜陋而德行卻高深莫測，衛齊兩君皆喜悅不已，讚嘆其盛德，皆不覺得其形貌醜惡，反而看那些形貌正常的人，脖子太細小。

　　「故德有所長」至「此謂誠忘」，憨山大師云：「言二子醜惡之狀，而使二君說之。反視為全人之不如者，蓋愛其德，故自忘其形也。所忘者性也，世人迷性真而愛形骸，故忘其性，今欲不忘。所不忘者形也，世人忘性而愛形，故今欲忘之。忘其所愛，而不忘其所不愛，此之謂誠忘」。〔註87〕

　　「誠忘」，各家注疏解釋不一。郭象注：「忘形易而忘德難」（〈德充符〉）；

也就是說，這些感官的感覺物或對象，與使用那些必需品時的快樂有著關連；而後者是屬於觸覺的事。不過，由於味覺比其他的覺官，更與觸覺接近；所以，節德與味覺的關係，比與其他感官的關係更大。」參閱多瑪斯，《神學大全》第十一冊，第一四一題，第五節，正解。
〔註86〕《神學大全》第十一冊，第一四一題，第六節，正解。
〔註87〕憨山大師，《莊子內篇憨山註》，頁362。

成玄英疏：「不忘形而忘德者，乃誠忘。」（同上）兩人皆訓誠忘為負面。

呂惠卿訓誠忘為正面。〔註88〕

林疑獨訓誠忘亦為正面。〔註89〕

忘形骸難而忘德容易，則一般人是忘德而不忘形骸。「故德有所長而形有所忘」，對於一般人而言就比較困難。「不忘其所忘」，則「所忘」者，是「德有所長」；「忘其所不忘」，則「所不忘」者，是應該忘記的「形骸」。所以，「誠忘」，與「此謂坐忘」（〈大宗師〉）兩者，皆是「忘」形骸。

「故聖人有所遊」至「又惡用人」，「聖人有所遊」，與「且不知耳目之所宜，而遊心於德之和」（〈德充符〉）義同。因此，「知孽」、「約膠」、「德接」、「工商」四者，為「形」所有，而「有所忘」。「不謀」、「不斲」、「无喪」、「不貨」四者，為「天鬻」、「天食」，乃「德不形」，而「有所長」。既然受到天的鬻養、飼養，即是「天鬻」、「天食」，則「不謀」何用「知孽」、則「不斲」何用「約膠」、則「无喪」何用「德接」、則「不貨」何用「工商」。「知孽」、「約膠」、「德接」、「工商」四者，為人之「形」所為。「惡」，成玄英訓「惡」為「何」（〈德充符〉）。

「有人之形」至「獨成其天」，「有人之形」，就是每個人皆有「形骸」，而具有「本生於精」之「形」的「好惡之情」，為人的生命保存和繁衍，人類必須群生，「故羣於人」。「无人之情」，即泯除「好惡之情」，「故是非不得於身」。

釋「无人之情」，高柏園將「無情」與「忘形」當作相同義，非「去形」而只是「去形之累」。〔註90〕

釋「眇」、「小」，錢穆引王念孫和嚴復訓「謷」為大〔註91〕。

成玄英訓「眇」為眇小（〈德充符〉）。

〔註88〕呂惠卿云：「人常患不知存其神，則其所忘者也；而役於視聽思慮之內，則其所不忘者也。人不忘其所忘而忘其所不忘，此謂誠忘，則非特形有所忘而已矣。」參閱呂惠卿，《莊子義》，頁61。

〔註89〕林疑獨云：「形者世所不忘，德者世所忘也。人能不忘世所忘，而忘世所不忘，則才德全矣。是謂誠忘。」參閱褚伯秀《南華真經義海纂微》，頁217。

〔註90〕高柏園說：「此即與『忘形』義相通，蓋忘形畢竟不是去形，而只是去形之累，此與無情同屬一作用之保存，而非一本質之否定。」參閱高柏園《莊子內七篇思想研究》，臺北：文津出版社，1992，頁165。

〔註91〕錢穆說：「王念孫曰、廣雅、謷、大也。謷與謷通。嚴復曰、此天演論所謂吾為弱草、貴能通靈。」參閱錢穆，《莊子纂箋》，臺北：東大圖書公司，2011，頁47。

「眇」、「小」義同;「謷」、「大」義同。「形」小,故群屬於「人」、群屬於「物」。「謷」大,故「同於大通」。

理智主要的秩序,就是經由理智,把某些事物,導向它們的目的。由於理智是導向目的者,理智之善,主要就是建立在這種秩序裡;因為善即是目的,理性慾望的對象即是善和目的。但是,理性慾望雖是導致目的者,沒有理智的秩序,則理性慾望就會把感性慾望的善和目的,當作唯一的對象而追求之。然而,感性慾望並不會自我節制,它必須服從於理智的指導。因此,必須以理智的秩序,作為導致目的者的尺度。所以,給人提供此生一切快樂的東西,都是以此生生活的某種需要為目的。為此目的,節德以此生之所需,作為使用那些快樂的東西之尺度;亦即,此生之所用只限於此生之所需。〔註92〕

〔註92〕多瑪斯說:「從前面第一二三題第十二節所講過的,可見道德涵養性德性之善,主要是在於理性的秩序;因為,『人之善,就是在於合乎理性』,如同狄奧尼修在《神名論》第四章裡所說的。可是,理性主要的秩序,是在於把一些事物導向目的。而理性之善最主要的就是在於這種秩序;因為善具有目的的本質,而目的本身就是那些導向目的者的規則。可是,人所使用的一切給他快感的東西,都是以現世生活的某種需要為目的。為此,節德以現世生活的需要,作為人所使用的給他快感之物的規則;也就是說,現世的生活需要多少,就使用多少。」參閱多瑪斯,《神學大全》第十一冊,第一四一題,第六節,正解。

結　論

　　本論文依序最先切入的地方，應是《莊子》倫理學的始源，也就是造物者「天道」。可是，礙於篇幅所限，無法暢言天道；以及某些更基本的形上學理論之概念和原則，以論證天道存在等等這些內容。因此，《莊子》倫理學就直接從第一部倫理的人學基礎開始；第二部初起則先證立道德主體的理論基礎，同時敘述「情」之議論、人性的「心」之議論和位格「造物主」之議論等內容，以便有能力處理第二部倫理的德行實踐本性之德的某些問題。因為，本論文主要並不是研究《莊子》一般形上學或特殊形上學領域的問題，故不可本末倒置。

　　另一個更重要的問題，則是把多瑪斯的倫理學，當作《莊子》倫理學研究的線索。但是，亦不可捨本逐末，使得多瑪斯倫理學的論述，凌駕在《莊子》倫理學之上。因為，使用西方理論和概念語詞，來當作研究《莊子》倫理學的線索，只是一種策略運用，俾能開闢新的詮釋方向。而真正著力的地方，則是《莊子》文本理論系統之解讀和證立的研究。

　　而且，以多瑪斯倫理學理論之線索，核實《莊子》文本意義，縱使完全得到回答倫理學基本理論問題所要求符合的內容；如果未能達到屬於《莊子》自己倫理學理論系統之解讀和證立的規模，那麼本論文研究之成果，對於《莊子》是一部倫理學著作之證立，便力有未逮。

　　本論文結論，分為四節。

　　第一節說明《莊子》是一部倫理學著作之證立，首先提出三點主觀判斷，和四點客觀條件，作為解決問題的論證途徑和方法，其中客觀條件的第四點最重要。因此，先藉由第一部至第二部共十章內容，以核實《莊子》倫理學之

內涵，可以通過接受公評的檢驗這個途徑解決。再者，提出《莊子》工夫境界修養蘊涵哲學倫理德行實踐，以證立《莊子》是一部倫理學著作。

第二節揭示本論文研究的展望與價值。關於本論文研究的展望，就是揭示神學倫理是人性完美的發展和希望，因為《莊子》工夫境界修養蘊涵神學倫理德行實踐；本論文研究的價值，就是揭示幸福倫理是人性完美的最終價值，因為，《莊子》工夫境界修養蘊涵幸福倫理德行實踐。

第三節是對本論文研究旨趣的某些問題提出批判。

第四節則是對本論文研究成果的某些問題提出批判。

第一節　《莊子》是一部倫理學著作之證立

一、三點主觀判斷與四點客觀條件

《莊子》是一部倫理學著作命題之回答，是基於三點主觀判斷與四點客觀條件。

在主觀判斷方面有三點：

第一，《神學大全》著作裏的倫理學架構，核實《莊子》文本結構，基本上是可以滙通與對話。

第二，亞里斯多德倫理學是以實現活動為目的。《莊子》以追求人生境界為目的，而這種目的，也是一種實現活動。

第三，《莊子》「可以觀於天矣」（〈知北遊〉），即是對於萬物之本根「至道」（〈知北遊〉）之沉思。完全符合亞里斯多德在《尼各馬科倫理學》著作裏第六卷第 1 章至第 2 章提到，人類三種活動，最高的活動，屬於理論的研究，即是對於永恆之道的沉思活動。

在客觀條件方面有四點：

第一，道家《莊子》信仰「含糊不清」批判的辯護。

第二，道家《莊子》淪落「唯心主義」批判的澄清。

第三，道家《莊子》陷溺「自然主義」批判的反駁。

第四，道家《莊子》沒有「倫理學」批判的導正。

對於客觀條件第一點至第三點，導論第一節已提出說明。

對於第四點，第一部至第二部共十章以核實《莊子》倫理學之內涵，可接受公評的檢驗。

二、《莊子》工夫境界修養蘊涵哲學倫理德行實踐

（一）「心齋」蘊涵「理智之德」的德行實踐

> 若一志，无聽之以耳而聽之以心，无聽之以心而聽之以氣！聽
> 止於耳，心止於符。氣也者，虛而待物者也。唯道集虛。虛者，心
> 齋也。（〈人間世〉）

「若一志」，意即「汝願意相信道」，「志」，即「志願」，亦即「願意」。
「夫道，有情有信」，即「道」是「相信」的對象。「聽之以氣」之「氣」蘊涵
靈魂「理智」，是智德之主體。故「心齋」蘊涵「理智之德」的德行實踐。

（二）「知其不可奈何而安之若命」蘊涵「正義之德」的德行實踐

> 是以夫事其親者，不擇地而安之，孝之至也；夫事其君者，不
> 擇事而安之，忠之盛也；自事其心者，哀樂不易施乎前，知其不可
> 奈何而安之若命，德之至也。（〈人間世〉）

為人臣子者對於天子固然要安之若命！意志對於良心，受到心君之指
使，也應當要安之若命！則義德實踐的道德行動，便是「知其不可奈何」，
而安於命運的安排。故「知其不可奈何而安之若命」蘊涵「正義之德」的德
行實踐。

（三）「形就不入心和不出」蘊涵「勇敢之德」的德行實踐

「戒之，慎之，正女身也哉！形莫若就，心莫若和。雖然，之二者有患。
就不欲入，和不欲出。」（〈人間世〉）

「就不欲入」，則是因為「本生於精」之「形」代表感性慾望，最容易受
到肉體快樂的引誘。「形就」的勇德實踐，對於快樂有節制作為匡濟；對於畏
懼有堅持不撓的心靈作為後盾；對於大膽則須要堅忍與耐力作為時間磨和與
解決困難的籌碼。因此，「心」、「和」、「出」就直接與「克服懼怕」、「緩和大
膽」、「忍耐痛苦的折磨」等，用於解決困難與掃除障礙的方法，產生密切的
關係。「心莫若和」，此「心」可指「心齋」，則感性慾望必須除去；是非和執
著的「知心」亦必須除去。這樣的勇德實踐，即可達到實現「氣」所蘊涵靈魂
理性部分的理智作為其主體之智德以匡正理性本身；「神」所蘊涵靈魂理性部
分以意志作為其主體之義德將理性的正直或正當落實在這次事物上，而勇德
即是把阻礙意志聽從理性指示所遇到的障礙，驅除殆盡。故「形就不入心和
不出」蘊涵「勇敢之德」的德行實踐。

（四）「才全德不形」蘊涵「節制之德」的德行實踐

> 哀公曰：「何謂才全？」
>
> 仲尼曰：「死生存亡，窮達貧富，賢與不肖毀譽，饑渴寒暑，是事之變，命之行也；日夜相代乎前，而知不能規乎其始者也。故不足以滑和，不可入於靈府。使之和豫，通而不失於兌；使日夜無郤而與物為春，是接而生時於心者也。是之謂才全。」
>
> 「何謂德不形？」
>
> 曰：「平者，水停之盛也。其可以為法也，內保之而外不蕩也。德者，成和之修也。德不形者，物不能離也。」（〈德充符〉）

「物不能離」（〈德充符〉）則是「遊於形骸之內」所達到的修養境界。感性嗜慾遠避感官之惡的行動，其違反理性的主要原因，並非感官享樂的過度無節制，而是後果。就是失去感覺的和肉體之享受和快樂，必然產生悲苦和憂傷，而賦予固執理性之善的堅定，屬於節德。故「才全德不形」蘊涵「節制之德」的德行實踐。

因此，《莊子》工夫境界修養蘊涵哲學倫理德行實踐。

第二節　本論文研究的展望與價值

一、神學倫理是人性完美的發展和希望

（一）「心齋」蘊涵「信德」的德行實踐

> 若一志，无聽之以耳而聽之以心，无聽之以心而聽之以氣！聽止於耳，心止於符。氣也者，虛而待物者也。唯道集虛。虛者，心齋也。（〈人間世〉）

「若一志」，意即「汝願意相信道」，「志」，即「志願」，亦即「願意」。「夫道，有情有信」，即「道」是「相信」的對象。「聽之以氣」之「氣」蘊涵靈魂「理智」，是信德之主體。故「心齋」蘊涵「信德」的德行實踐。

（二）「官知止而神欲行」蘊涵「望德」的德行實踐

> 方今之時，臣以神遇而不以目視，官知止而神欲行。依乎天理，批大郤，導大窾，因其固然。（養生主〉）

「神」蘊涵靈魂「意志」，是望德之主體。故「官知止而神欲行」蘊涵「望

德」的德行實踐。

（三）「養親」與「帝之縣解」蘊涵「望德」的德行實踐

> 可以保身，可以全生，可以養親，可以盡年。（養生主〉）

> 夫道，有情有信，无為无形。（大宗師〉）

「養親」之「養」，是「夫道，有情有信」之「情」的具體行為。「養親」之「親」，與「吾誰與為親」（〈齊物論〉）之「親」義同，是「情」的對象，有優先順序。「親」在人類，是除己之外的對象。「親」在超出人類之外，是以道為對象。

> 曰：「然。……。適來，夫子時也；適去，夫子順也。安時而
> 處順，哀樂不能入也，古者謂是帝之縣解。」

> 指窮於為薪，火傳也，不知其盡也。（養生主〉）

「帝之縣解」，是「外死生」，即「棄事則形不勞，遺生則精不虧」（〈達生〉）之義。因此，「養親」，是「神」的「意向」與「行為」，故「養親」與「帝之縣解」蘊涵「望德」的德行實踐。

（四）「稠適」蘊涵「愛德」的德行實踐

> 其於本也，弘大而辟，深閎而肆，其於宗也，可謂稠適而上遂
> 矣。（〈天下〉）

「本」，即工夫修養之「德」。「稠」，即「精神」之「濃稠」，與「熱烈的愛之行動」之「熱烈的愛」義同。「適」，即「芒乎何之，忽乎何適」之「適」，與「熱烈的愛之行動」之「行動」義同，「行動」的對象，就是「芒」、「忽」，即「天道」。

「有情有信」之「情」，第一義是「精」。第二義是「真」，與「其精甚真」之「真」義同，意謂以「熱烈的愛之行動」與道合一。這個「熱烈的愛之行動」，即「上與造物者遊，而下與外死生无終始者為友」（〈天下〉）之義。故「稠適」蘊涵「愛德」的德行實踐。

（五）「神鬼來舍」蘊涵「聖人境界」的德行實踐

> 齧缺問道乎被衣，被衣曰：「若正汝形，一汝視，天和將至；攝
> 汝知，一汝度，神將來舍。德將為汝美，道將為汝居，汝瞳焉如新
> 生之犢而无求其故！」（〈知北遊〉）

「神將來舍」，與「鬼神將來舍」（〈人間世〉）義同，「鬼神來舍」，即是

「聖人」（〈大宗師〉）境界。

「神鬼來舍」，不是「白白施予的恩寵」，而是「使人中悅天主的恩寵」。〔註1〕因此，「神鬼來舍」，蘊涵「使人中悅天主的恩寵」。故「神鬼來舍」蘊涵「聖人境界」的德行實踐。

（六）「神鬼來舍」、「坐忘」、「北冥有魚，其名為鯤」、「上遂」、「其來不蛻」、「登假」蘊涵「至人」（〈齊物論〉）、「神人」（〈逍遙遊〉）、「天人」（〈天下〉）境界的德行實踐

　　曰：「回坐忘矣。」

　　仲尼蹴然曰：「何謂坐忘？」

　　顏回曰：「墮肢體，黜聰明，離形去知，同於大通，此謂坐忘。」

（大宗師〉）

「神鬼來舍」，則「道為汝居」，「氣」、「神」、「精」始能離開形骸而「坐忘」。

　　北冥有魚，其名為鯤。鯤之大，不知其幾千里也。化而為鳥，

　　其名為鵬。鵬之背，不知其幾千里也；怒而飛，其翼若垂天之雲。

　　是鳥也，海運則將徙於南冥。南冥者，天池也。（逍遙遊〉）

「北冥」，與「玄冥」（〈大宗師〉）義同。「氣」、「神」、「精」入於玄冥之地，即是抵達至陽之根的至陰本原，即真陽所藏之處。

　　其於本也，弘大而辟，深閎而肆，其於宗也，可謂稠適而上遂

　　矣。（〈天下〉）

「上遂」，即「我為女遂於大明之上矣」（〈在宥〉）之義。「大明之上」，即「南冥者，天池也」。

「氣」、「神」、「精」遂於大明之上，即是抵達至陰之根的至陽本原，即真陰所藏之處。

「氣」、「神」、「精」遂於大明之上，此即「是故滑疑之耀，聖人之所圖也。為是不用而寓諸庸，此之謂以明」（〈齊物論〉）之義。

　　至陰肅肅，至陽赫赫；肅肅出乎天，赫赫發乎地；兩者交通成

　　和而物生焉，或為之紀而莫見其形。（〈田子方〉）

「成和」，即「德者，成和之脩也」（〈德充符〉）之義。「物」，即「道」。「兩者交通」，則「負陰抱陽之氣」，化而為「陰陽有藏之氣」，此即「天府」

〔註1〕《神學大全》第六冊，第一一一題，第一節，正解。

（〈齊物論〉）、「葆光」（同上）之義。

> 雖然，其應於化而解於物也，其理不竭，其來不蛻，芒乎昧乎，
> 未之盡者。（〈天下〉）

「其應於化而解於物也」之「應於化」，即「无終始者」（同上）；「解於物」，即「外死生者」。「其理不竭」，即「天府」、「葆光」。「芒乎昧乎」，與「惚兮恍兮」（〈老子・二十一章〉）義同。

> 罔兩問景曰：「曩子行，今子止；曩子坐，今子起；何其无特操
> 與？」
> 景曰：「吾有待而然者邪？吾所待又有待而然者邪？吾待蛇蚹
> 蜩翼邪？惡識所以然！惡識所以不然！」（〈齊物論〉）

「其來不蛻」之「蛻」，是「吾待蛇蚹蜩翼邪」（〈齊物論〉）之「蛇蚹蜩翼」。因此，「蛻」，便是「吾待蛇蚹蜩翼邪」之「有待」。所以，「其來不蛻」之「不蛻」，是「以遊无窮者，彼且惡乎待哉」（〈逍遙遊〉）之「無待」。

> 且有真人而後有真知。何謂真人？古之真人，不逆寡，不雄成，
> 不謨士。若然者，過而弗悔，當而不自得也。若然者，登高不慄，
> 入水不濡，入火不熱。是知能登假於道者也若此。（大宗師〉）

「至人」、「神人」、「天人」是已「登假於道者」，故「登高不慄，入水不濡，入火不熱」。由此可知，「能登假於道者」，也和「真人」一樣「登高不慄，入水不濡，入火不熱」。

「坐忘」、「北冥有魚，其名為鯤」、「上遂」、「其來不蛻」、「登假」，蘊涵「享見天主之本質的完美幸福」。〔註2〕故「坐忘」、「北冥有魚，其名為鯤」、「上遂」、「其來不蛻」、「登假」，蘊涵「至人」、「神人」、「天人」境界的德行實踐。

因此，《莊子》工夫境界修養蘊涵神學倫理德行實踐。

二、幸福倫理是人性完美的最終價值

（一）《莊子》首篇〈逍遙遊〉主旨蘊涵幸福倫理德行實踐

> 若夫乘天地之正，而御六氣之辯，以遊无窮者，彼且惡乎待哉！
> （〈逍遙遊〉）。

「以遊无窮者」，「其應於化」（〈天下〉），是「无古今」（〈大宗師〉）。「而

〔註2〕《神學大全》第四冊，第三題，第八節，正解。

解於物」（〈天下〉），是「不死不生」（〈大宗師〉）。故蘊涵幸福倫理。

（二）《莊子》末篇〈天下〉主旨蘊涵幸福倫理德行實踐

　　　　雖然，其應於化而解於物也，其理不竭，其來不蛻，芒乎昧乎，
　　未之盡者。（〈天下〉）

　　「其來不蛻」，「其應於化」，是「无古今」。「而解於物」，是「不死不生」。
故蘊涵幸福倫理。

（三）《莊子》工夫修養最後境界蘊涵幸福倫理德行實踐

　　「顏成子游」工夫修養最後境界，是「七年而天成，八年而不知死，不
知生，九年而大妙」（〈寓言〉），「其應於化」，是「无古今」。「而解於物」，是
「不死不生」。故蘊涵幸福倫理。

　　「治身」工夫修養最後境界，是「我守其一以處其和，故我修身千二百
歲矣，吾形未常衰」（〈在宥〉），「其應於化」，是「无古今」。「而解於物」，是
「不死不生」。故蘊涵幸福倫理。

　　「聖人之道」工夫修養最後境界，是「見獨，而後能无古今；无古今，而
後能入於不死不生」（〈大宗師〉），「其應於化」，是「无古今」。「而解於物」，
是「不死不生」。故蘊涵幸福倫理。

（四）《莊子》「登假於道者」之境界蘊涵幸福倫理德行實踐

　　「至人」之境界，「至人神矣！大澤焚而不能熱，河漢沍而不能寒，疾雷
破山飄風振海而不能驚」（〈逍遙遊〉）。而且，「乘雲氣，騎日月，而遊乎四海
之外」（同上）。

　　「神人」之境界，「之人也，物莫之傷，大浸稽天而不溺，大旱金石流土
山焦而不熱」（同上）。而且，「乘雲氣，御飛龍，而遊乎四海之外」（同上）。

　　「天人」之境界，「若然者，登高不慄，入水不濡，入火不熱」（〈大宗師〉）。

　　因為，神人和至人，冥合「神鬼」（同上）和「神帝」（同上），超脫經驗，
是「常德不忒」（〈老子·二十八章〉），境界較超脫大化之「聖人」更高。而
「天人」已冥合「域外」之「天道」，得道久遠，入於幻化，則是「玄德」（〈老
子·五十一章〉），較超脫經驗之「至人」、「神人」境界更高。

　　「至人」、「神人」、「天人」，皆是「登假於道者」。

　　故「至人」、「神人」、「天人」修養境界蘊涵幸福倫理。

　　因此，《莊子》工夫修養最後境界蘊涵幸福倫理德行實踐。

第三節　本論文「研究旨趣」之批判

　　本節共有三小節，分別是對本論文「研究旨趣」的某些問題提出批判。

一、詮釋方法「以《莊》解《莊》」繼承歷史傳統經驗之反思

　　取法西方哲學理論解莊，並不是把《莊子》變成西方的《莊子》。只是學習西方一種理論，把它視為一種工具使用。換言之，只是替治莊者找到詮釋《莊子》之新的途徑，從這條新的途徑當中，發現《莊子》思想新的內涵。至於原來的歷史傳統經驗繼承的詮釋《莊子》方法則完全保留下來，絕對沒有捨棄的意圖。本論文在處理《莊子》文本詮釋工作，自始至終根本沒有脫離「《以莊解莊》」歷史傳統這個經驗。甚且，堅實反復運用而更熟練這個信條底下的操作模式。

　　因為，本論文研究方法已說明使用二種方法論。第一種稱為「莊子道物關係類比研究方法」，是來自「關係類比法」。第二種稱為「以莊解莊文獻詮釋研究方法」，則是綜合《莊子》注疏「回歸原典」與《莊子》詮釋「以莊解莊」兩種方法。尤其，第二種研究方法，除了繼承歷史傳統之《莊子》注疏「回歸莊子」方法論和《莊子》詮釋「以莊解莊」方法論，即是要求本論文，依據《莊子》文本各篇內之「文字」關係與「意義」關係，互相證明，再給予詮釋，而取得最符合《莊子》本來之真實意義；並且，依此方法達到正確解讀《莊子》理論系統之目的。

　　但是，莊子詮釋回歸原典方法論這個議題所揭示，簡光明根據歷史，發現一個事實，就是繼承歷史傳統經驗的治莊者，思想受到文化、地域之限制，對理解莊子哲學之發揚或創新可能形成某種影響。亦即由《莊子》詮釋學發展觀察，這是對於各種詮釋偏離《莊子》原旨的批判，相關論述極多。他們皆強調注釋《莊子》應該要能說明思想原旨，主要有五種方法：第一種，透過古學知識以闡明莊子本義，第二種，以《莊子》解《莊子》而印證本義，第三種，辨別《莊子》篇章之真偽以還原本義，第四種，以道教思想說明莊子之本義，第五種，從人心之所同去理解莊子立言之本意。〔註3〕

　　簡光明針對五種方法提出檢討而取得結論：其中唯有以道教思想說明莊子未合原書本旨，其它四種優劣互見。縱使集四種之長而捨其短，亦僅能在

〔註3〕簡光明，〈莊學詮疏「回歸原典」的方法及其檢討〉，《屏東教育大學——人文社會類》，第32期，2009年3月，頁25。

「回歸原典」的實踐上，比較接近《莊子》原旨而已。而且，「回歸原典」是註解家的主觀期望，是否達到期望，只能等待歷史檢驗。〔註4〕

此即「夫道未始有封，言未始有常，為是而有畛也，請言其畛：有左，有右，有倫，有義，有分，有辯，有競，有爭，此之謂八德」（〈齊物論〉）之義。

二、解莊取法西方哲學理論之反思

羅光說不論哲學或神學上，或以西解中，或以中解西，我們都是站在自己的立場來看待這件事情。具體操作方法，就是把自己古代經典著作遣字用辭的觀念涵義，拿來詮釋西方哲學或哲學理論的概念語詞。我們不是把自己的東西變成西方的東西，反而是藉由西方的哲學或神學的學問，把它工具化，讓自己的哲學或神學的思想領域更擴充、更壯大。另一方面，也要讓西方的哲學或神學看到我們哲學或神學底蘊的深厚而跟我們學習。「荃者所以在魚，得魚而忘荃；蹄者所以在兔，得兔而忘蹄；言者所以在意，得意而忘言」（〈外物〉），這段文本就含有這層意義。

自明末年間西方傳教士來華傳教開始，以天主教為代表的西方文化就與中國傳統文化展開交流與比較。但以往的研究較偏向以儒家哲學與天主教哲學的比較方面，而較疏漏以道家哲學與天主教哲學的比較方面。對於鼓勵學術研究深耕中國哲學與基督教哲學比較方面，一向是天主教輔仁大學哲學系的傳統風向與精神。潘小慧說：

> 羅光是一位中國學者，且在羅馬傳信大學教授中國哲學長達25年。由於他又作為神父與主教的身分，一般不明究理之人，經常誤會他要將中國哲學予以基督洗禮或天主教化，他自己也知道這事，但這看法與事實有出入，1939年教廷取消祭祖祭禮的禁令，于斌樞機恢復利瑪竇的思想，解釋古書的「天」為「天主」；後來有其他神

〔註4〕簡光明說：「『回歸原典』是莊學註家的主觀願望，能不能達到期望則有待檢驗。就上述五項方法而言，只有以道教思想解說莊子，未能符合莊子思想的核心觀念。其他四項論述各有勝場：透過古學知識，至少可以闡明《莊子》中的制度名物；而以《莊子》解《莊子》，可以讓內篇與外雜篇的思想系統有一連結與呼應；辨別《莊子》篇章之真偽，可以別除《莊子》外雜篇中較為偏離莊子核心思想的部分；從人心之所同去理解莊子立言之本意，當然也是註家應有的態度。其實，註家就算做到上述四點，也不能保證所解即為莊子本意，只能說在『回歸原典』的過程中，比較接近莊子本意。」參閱簡光明，〈莊學詮疏「回歸原典」的方法及其檢討〉，頁25。

父將太極、誠、道，也解釋為天主。這種比較研究，羅光以為：「不是以天主教哲學思想解釋中國哲學，而是以中國哲學術語解釋天主教教義。」〔註5〕

羅光曾經擔任天主教輔仁大學校長（1978.8～1992.1），他想建立中國的天主教哲學，因此，將這個學術責任賦予輔大在臺復校的第一所與第一系。

把西方哲學理論當作工具運用，也符合約翰・杜威（John Dewey, 1859～1952）哲學項下的工具主義、操作主義的核心思想：「探究理論」的真理觀。〔註6〕

三、《莊子》工夫修養思想建構倫理學體系之反思

鄭維亮以為《神學大全》三部就是「天主聖化人類歷程」的基本架構。他以「天主聖化人類歷程」為主題切入《神學大全》而將中文版本十七冊的主要內容連貫起來。以下就是三部的基本架構。

第一部：探討天主，「天主聖化人類歷程」必然的「始源」、「目標」及「準則」等等。

第二部：探討人，「天主的肖像」，在「天主聖化人類歷程」及回歸到天主的路途中，應留意及實踐的「重要事項」。

第三部：探討基督，「人類」聖化自己及回歸到「天主」的「必然道路」。〔註7〕

西方「人類歷史或歷程」的研究成就斐然。多瑪斯的《神學大全》為基於「超自然或神的啟示」（Supernatural or Divine Revelation）著作，屬於一種「歷史神學」（theology of history）。〔註8〕

〔註5〕潘小慧，《臺灣新士林哲學倫理學發展》，臺北：至潔有限公司，2020，頁225。

〔註6〕徐陶說：「杜威真理觀的核心思想是工具主義，工具主義的基本含義是：觀念、思想、理論是人用以使其行動取得成功的工具，因而它們能否使人的行動取得成功就是它們的真理標準。」參閱徐陶，〈論探究概念在杜威哲學中的重要地位〉，《學術探索》，第1期，2009年2月，頁10。

〔註7〕鄭維亮，〈《神學大全》：天主聖化人類歷程〉，《哲學與文化》第37卷第4期，2010年4月，頁163。

〔註8〕鄭維亮從「超自然或神的啟示」的角度看「天主聖化人類歷程」，便是基督徒信仰所謂的「救恩史」。救鄭維亮說：「顧名思義，奠基於『聖經』（The Holy Bible）的『人類歷史或歷程』之研究，自始至終是紮根於此『超自然或神的啟示』，並同時以這『神聖啟示』配合人的智慧與能力，去貫串整個『人類歷程』。從這角度看，『天主聖化人類歷程』便是基督徒信仰所謂『救恩史』（history

中國先秦「人類歷史或歷程」的研究成就亦不遑多讓。〈天下〉云：「……，道術將為天下裂」。〔註9〕又云：「……，古之道術有在於是者。莊周聞其風而悅之」。〔註10〕《莊子》是為基於「超自然或道的啟示」（Dao or Supernatural Revelation）著作，屬於一種「歷史神學」。

《莊子》和《神學大全》中西遙望，卻有許多思想殊途同歸的地方。

（一）「道術」、「聖道」的研究對象和自明的真理

《莊子》「道術」是一門「工夫修養」的學問。「道術」研究以造物者「天道」為對象。「道術」研究能以《老子》、《莊子》作為自明的真理。

《神學大全》「聖道」是一門「實踐」的學問。「聖道」研究以創造者「天主」為對象。「聖道」研究能以《信經》作為自明的真理。

（二）「道術」、「聖道」對於人類「道化」、「聖化」的歷程

《莊子》明示「天道道化人類歷程」清楚藍圖：天道是「天道道化人類歷程」終極的始源。人是「天道道化人類歷程」工夫修養的主體。「道」是「天道道化人類歷程」人類回歸天道的必然道路。

《神學大全》提示「天主聖化人類歷程」清晰架構：天主是「天主聖化人類歷程」終極的始源。人是「天主聖化人類歷程」倫理實踐的主體。「基督」是「天主聖化人類歷程」人類回歸天主的必然道路。

因此，莊子「工夫修養」研究——以多瑪斯「德行實踐」為線索的研究計劃，是一篇可以完成的學術論文。

第四節　本論文「研究成果」之批判

本節共有三小節，分別是對本論文「研究成果」的某些問題提出批判。

---

of salvation）或『天主聖三以多種方式與人類相遇與交往的過程』的一個獨特說法：其『重點』是天主自己的『神聖本質』（holy essence；nature of holiness）」。參閱鄭維亮，〈《神學大全》：天主聖化人類歷程〉，頁163。

〔註9〕「是故內聖外王之道，闇而不明，鬱而不發，天下之人各為其所欲焉以自為方。悲夫，百家往而不反，必不合矣！後世之學者，不幸不見天地之純，古人之大體，道術將為天下裂。」（〈天下〉）

〔註10〕「芴漠无形，變化无常，死與生與，天地並與，神明往與！芒乎何之，忽乎何適，萬物畢羅，莫足以歸，古之道術有在於是者。莊周聞其風而悅之」（同上）。

一、本論文解莊淪為多瑪斯一家之言之反思

　　天主永恆中「創造」〔註11〕的外在效果是世界的誕生，但是。世界並不是常常存在，必須有天主之「存在繫屬」（existential dependence）。〔註12〕既然世界屬於天主之管轄，則天主上智之治理萬物的無限「理念」（idea），〔註13〕早就存在天主上智理智內。天主上智的無限理念，我們人的有限理性根本無法瞭解，只能用類比的方式或啟示的知識略知皮毛而已。西方相信人的理性用哲學方法可以推論出神學的東西。我們雖然也相信人有理性，卻沒有來自宗教神學的啟示。因為，我們不是天主的選民。可是，偉大的中華民族，歷史文化悠久，自夏商周至今，「天」以及「天道」之於中華民族，又何異天主之於希伯來民族。然而，我們更加幸運的一件事情，就是我們的神學知識，雖然不是來自天主對先知的啟示。反而，是中華民族每一個人都能藉由「學道」的途徑而得到天或天道直接給予的神學知識。這種神學知識就是「親身體證」之「德知」。《莊子》倫理學與多瑪斯倫理學本質的異同，就是根據神學知識獲得方式結構不同這個形式基礎上。

（一）關於《莊子》倫理學與多瑪斯倫理學之相同者

1. 關於研究對象

《莊子》「道術」研究以造物者「天道」為對象。

《神學大全》「聖道」研究以創造者「天主」為對象。

2. 關於道化、聖化人類歷程

《莊子》明示「天道道化人類歷程」清楚藍圖。

《神學大全》提示「天主聖化人類歷程」清晰架構。

3. 關於終極始源

《莊子》天道是「天道道化人類歷程」終極的始源。

〔註11〕天道創造世界是「從無中」（ex nihilo）創造（creatio）。天道本身是動力因，天道的本質即存在，是純形式，沒有質料因。因此，「無」不能看作動力因，也不能是質料因。

〔註12〕天道創造這個世界，而萬物生活在這個世界，必須擁有天道的保存與維持，才能延續下去而不中斷。因此，萬物和世界的存在，繫屬於天道的維繫與保存。

〔註13〕天主的理智或睿智有「理念」（idea）；而且是按照自己的理念創造世界。因為，天主是永恆的存在。理念就是存在於天主之外的形式，以作為受造對象之模型或認知之理。所以存在於天主理智或睿智的理念，就是事物常久而恆定不變的形式或理。

《神學大全》天主是「天主聖化人類歷程」終極的始源。

4. 關於修養、實踐之主體

《莊子》「人」是「天道道化人類歷程」工夫修養的主體。

《神學大全》「人」是「天主聖化人類歷程」倫理實踐的主體。

5. 關於人類之救贖

《莊子》「道」是「天道道化人類歷程」人類回歸天道的必然道路。

《神學大全》「基督」是「天主聖化人類歷程」人類回歸天主的必然道路。

（二）關於《莊子》倫理學與多瑪斯倫理學之不同者。

1. 關於神學知識之獲得

《莊子》人親自體證天道「由下而上」獲得神學知識。

《神學大全》天主啟示先知「由上而下」獲得神學知識。

2. 關於今生、來世「聖人境界」之獲得

《莊子》至人神人天人存在「此岸人間世」。

《神學大全》聖人存在「彼岸天鄉」。

3. 關於今生、來世「永恆幸福」之獲得

《莊子》實現「永恆幸福」是在「今生此岸」。

《神學大全》實現「永恆幸福」是在「來世彼岸」。

4. 關於修養、實踐是否即是「治身」之至道

《莊子》「氣」、「精」、「神」與「本生於精」之「形」的「惡情」、「好情」工夫修養包含「道德境界」和「治身」（〈在宥〉）。

《神學大全》「靈魂理性部分之理智」、「意志」與「靈魂非理性部分」之「憤情」、「欲情」德行實踐僅及於「倫理實踐」與「治身」無關。

二、「氣」、「精」、「神」為工夫修養的「道德主體」之反思

（一）多瑪斯「德行主體」之論證

多瑪斯倫理學體系的「德行主體」是「靈魂理性部分的理智和意志」與「靈魂非理性部分的憤情和欲情」。「德行主體」論證如下：

1. 理智是信德和智德的主體
2. 意志是愛德和義德的主體
3. 憤情和欲情是勇德和節德的主體

所以，「靈魂理性部分的理智和意志」與「靈魂非理性部分的憤情和欲情」是「德行實踐的主體」。

「德行實踐的主體」，就稱為「德行主體」。

（二）《莊子》「道德主體」之論證

《莊子》倫理學體系的「道德主體」是「氣、精、神」與「本生於精的形之惡情和好情」。「道德主體」論證如下：

1. 氣是「可行己信」和「心齋」道德境界的主體
2. 神是「稠適」和「乘物以遊心託不得已以養中」道德境界的主體
3. 惡情和好情是「形就心和」和「才全德不形」道德境界的主體

所以，「氣、精、神」與「本生於精的形之惡情和好情」是「道德境界的主體」。

「道德境界的主體」，就稱為「道德主體」。

（三）學界研究《莊子》「主體」性之舉例

目前學界頗熱衷《莊子》工夫修養主體性的研究，較具代表性的學者是楊儒賓、葉海煙二位耆艾。

1.「形氣主體」之建構

楊儒賓對於《莊子》主體的問題，著作《儒門內的莊子》一書。於〈從「以體合心」到「遊乎一氣」——論莊子真人境界的形體基礎〉附錄章節裡，論述《莊子》「離形去知」、「循耳目內通」、「聯覺與心凝形釋」、「心氣同流」、「解牛的身體基礎」、「體盡無窮」之工夫修養理論。〔註14〕鍾振宇評論楊儒賓的《莊子》主體性理論為「形氣主體」的概念。〔註15〕

2.「氣化機體主體」之建構

葉海煙對於《莊子》主體的問題，著作《道家倫理學：理論與實踐》一書。於〈人與天地共在的「氣化倫理」〉、〈人文與自然並存的「機體倫理」〉章節裡，建構道家倫理學系統。葉海煙論述《莊子》主體性是從「氣化」理論開始，基本上，他是認為莊子氣化理論的證成，應當是在「氣化而有物，物化而

〔註14〕楊儒賓，《儒門內的莊子》，臺北：聯經出版社，2016，頁 461。
〔註15〕鍾振宇，〈莊的形氣主體與無用的共通體——由楊儒賓的思考出發〉，《中國文哲研究通訊》《儒門內的莊子》評論專輯，第 27 卷第 1 期，2017 年 3 月，頁 55。

有氣」的循環脈絡中完成的，他所建構的倫理學系統是一種「人文與自然的對反與調和——邁向生命共同體的機體倫理與生命倫理」的真理觀。〔註16〕

三、本論文研究對於理解莊子哲學有何推進或新義之反思

本論文研究對於理解莊子哲學有何推進或新義可分為擴展「以《莊》解《莊》」「詮釋學」方法論領域、確立《莊子》「倫理學」歷史成就、奠定《莊子》「歷史神學」歷史地位三種面向論述。

（一）擴展「以《莊》解《莊》」「詮釋學」方法論領域方面

1. 開闢〈內篇〉幸福、神學、哲學倫理新的詮釋學方法之途徑

開闢〈內篇〉幸福倫理、神學倫理、哲學倫理，新的詮釋學方法之途徑。

譬如：〈逍遙遊〉幸福倫理之詮釋。〈齊物〉、〈養生主〉、〈大宗師〉、〈應帝王〉神學倫理之詮釋。〈人間世〉、〈德充符〉哲學倫理之詮釋。

2. 開闢〈外雜篇〉人學基礎、基本形上學、終極始源新的詮釋學方法之途徑

開闢〈外雜篇〉倫理的人學基礎、基本的形上學理論、萬物終極始源「天道」，新的詮釋學方法之途徑。

譬如：〈至樂〉以「種」、「機」解釋和說明「實體形式」、「元初質料」理論之意義。〈駢拇〉說明人性行為即是一種倫理行為。〈刻意〉提出關於德行之定義。〈繕性〉解釋自然律分有永恆律。〈在宥〉、〈胠篋〉解釋自然法律的定義。〈天地〉解釋首要誡命是行善避惡。〈寓言〉解釋自然法律的其他誡命。〈知北遊〉對於天道存在的證明，由天道的效果推論到原因。〈天下〉說明天道存在的證明是必須的。〈庚桑楚〉說明天道自「无有」中創造。

（二）確立《莊子》「倫理學」歷史成就方面

1. 論證《莊子》倫理的人學基礎

第一部第一章至第五章論證《莊子》倫理的人學基礎。

2. 論證《莊子》倫理的德行實踐

第二部第六章論證道德主體。

第二部第七章至第十章論證《莊子》哲學倫理，即智德、義德、勇德、節

〔註16〕葉海煙，《道家倫理學：理論與實踐》，臺北：五南圖書出版股份有限公司，2016，頁91、129。

德四樞德。

　　由以上第一部至第二部之論證，以證成《莊子》倫理學體系確實已達到倫理學應有之規模。

（三）奠定《莊子》「歷史神學」歷史地位方面

1.《莊子》「道術」是一門「工夫修養」的學問

　　《莊子》「道術」是一門「工夫修養」的學問，此即「其於本也，弘大而辟，深閎而肆」（〈天下〉）之義。

2.「道術」研究以造物者「天道」為對象

　　「道術」研究以造物者「天道」為對象，此即「芴漠无形，變化无常，死與生與，天地並與，神明往與！芒乎何之，忽乎何適，萬物畢羅，莫足以歸，古之道術有在於是者。莊周聞其風而悅之」（〈天下〉）之義。

3.「道術」研究能以《老子》、《莊子》作為自明的真理

　　「道術」研究能以《老子》、《莊子》作為自明的真理，此即「關尹老聃乎！古之博大真人哉」（〈天下〉）、「其於宗也，可謂稠適而上遂矣」（〈天下〉）之義。

4.《莊子》明示「天道道化人類歷程」清楚藍圖

　　《莊子》明示「天道道化人類歷程」清楚藍圖，此即「以謬悠之說，以荒唐之言，无端崖之辭，時恣縱而不儻，不以觭見之也。以天下為沈濁，不可與莊語，以卮言為曼衍，以重言為真，以寓言為廣。獨與天地精神往來而不敖倪於萬物，不譴是非，以與世俗處。其書雖瓌瑋而連犿无傷也。其辭雖參差而諔詭可觀。彼其充實不可以已，上與造物者遊，而下與外死生无終始者為友」（〈天下〉）之義。

5.「天道」是「天道道化人類歷程」終極的始源

　　「天道」是「天道道化人類歷程」終極的始源，此即「古之所謂道術者，果惡乎在？曰：『无乎』不在。曰：『神何由降？明何由出？』『聖有所生，王有所成，皆原於一』」（〈天下〉）之義。

6.「人」是「天道道化人類歷程」工夫修養的主體

　　「人」是「天道道化人類歷程」工夫修養的主體，此即「不離於宗，謂之天人，不離於精，謂之神人。不離於真，謂之至人。以天為宗，以德為本，以道為門，兆於變化，謂之聖人。以仁為恩，以義為理，以禮為行，以樂為和，

薰然慈仁，謂之君子。以法為分，以名為表，以參為驗，以稽為決，其數一二三四是也，百官以此相齒，以事為常，以衣食為主，蕃息畜藏，老弱孤寡為意，皆有以養，民之理也」（〈天下〉）之義。

7.「道」是「天道道化人類歷程」人類回歸天道的必然道路

「道」是「天道道化人類歷程」人類回歸天道的必然道路，此即「雖然，其應於化而解於物，其理不竭，其來不蛻，芒乎昧乎，未之盡者」（〈天下〉）之義。

基於「天道道化人類歷程」的「救恩史」概念，《莊子》可以被視為是一部「歷史神學」經典之作，《莊子》對於促進人類獲得永恆幸福可謂貢獻巨大。

本論文研究對於理解莊子哲學有何推進或新義？

「推進」方面，是擴展「以《莊》解《莊》」詮釋學方法論之領域。

「新義」方面，則是確立《莊子》倫理學之歷史成就和奠定《莊子》歷史神學之歷史地位。

參考書目

一、《莊子》原典與注疏（依作者年代和作者姓氏筆劃排列）

1. 〔晉〕郭象，《南華真經注》，曹礎基、黃蘭發點校，北京：中華書局，1998。

2. 〔唐〕成玄英，《南華真經疏》，曹礎基、黃蘭發點校，北京：中華書局，1998。

3. 〔宋〕王元澤，《南華真經新傳》，《無求備齋莊子集成初編》，第六冊，臺北，藝文印書館，1972。

4. 〔宋〕呂惠卿，《莊子義》，《無求備齋莊子集成初編》，第五冊，臺北：藝文印書館，1972。

5. 〔宋〕林希逸，《莊子鬳齋口義校注》，周啟成校注，北京：中華書局，1997。

6. 〔宋〕褚伯秀，《南華真經義海纂微》，方勇點校，北京：中華書局，2018。

7. 〔明〕方以智，《藥地炮莊校注》，蔡振豐、魏千鈞、李忠達校注，臺北：國立臺灣大學出版中心，2017。

8. 〔明〕朱得之，《莊子通義》，《無求備齋莊子集成續編》，第三冊，臺北：藝文印書館，1974。

9. 〔明〕吳伯與，《南華經因然》，《四庫未收書輯刊・叁輯・貳拾柒冊》，北京：北京出版社，2000。

10. 〔明〕沈一貫，《莊子通》，《無求備齋莊子集成續編》，第十冊，臺北：

藝文印書館，1974。

11. 〔明〕沈一貫，《莊子通》，《無求備齋莊子集成續編》，第九冊，臺北：
　　藝文印書館，1974。

12. 〔明〕焦竑，《莊子翼》，臺北：廣文書局，1963。

13. 〔明〕楊起元，《南華經品節》，《無求備齋莊子集成續編》，第十七冊，
　　臺北：藝文印書館，1974。

14. 〔明〕黃洪憲，《莊子南華文髓》，《無求備齋莊子集成續編》，第十八冊，
　　臺北：藝文印書館，1974。

15. 〔明〕郭良翰，《南華經薈解》，《無求備齋莊子集成初編》，第十三冊，
　　臺北：藝文印書館，1972。

16. 〔明〕陸西星，《莊子副墨》，北京：華齡出版社，2019。

17. 〔明〕陳懿典，《南華經精解》，《無求備齋莊子集成續編》，第十三冊，
　　臺北：藝文印書館，1974。

18. 〔明〕陳治安，《南華真經本義》，《無求備齋莊子集成續編》，第二十六
　　冊，臺北：藝文印書館，1974。

19. 〔明〕憨山大師，《莊子內篇憨山註》，臺北：新文豐出版股份有限公司，
　　2010。

20. 〔明〕陳深，《莊子品節》，《無求備齋莊子集成初編》，第十一冊，臺北：
　　藝文印書館，1972。

21. 〔明〕藏雲山房主人，《南華大義解懸參註》，《無求備齋莊子集成初編》，
　　第十五冊，臺北：藝文印書館，1972。

22. 〔明〕韓敬，《莊子狐白》，《無求備齋莊子集成續編》，第二十二冊，臺
　　北：藝文印書館，1974。

23. 〔明〕羅勉道，《南華真經循本》，李波點校，北京：中華書局，2016。

24. 〔明〕釋性通，《南華發覆》，《無求備齋莊子集成續編》，第五冊，臺北：
　　藝文印書館，1974。

25. 〔清〕于鬯，《莊子校書》，《無求備齋莊子集成續編》，第四十冊，臺北：
　　藝文印書館，1974。

26. 〔清〕王先謙，《莊子集解》，臺北：東大圖書公司，2014。

27. 〔清〕王夫之，《莊子解》，王孝魚點校，北京：中華書局，2009。

28. 〔清〕王闓運，《莊子內篇注》，《無求備齋莊子集成續編》，第三十六冊，臺北：藝文印書館，1974。

29. 〔清〕王念孫，《莊子》，於《讀書雜志·讀書雜志餘編》，上海：上海古籍出版社，1985。

30. 〔清〕方潛，《南華經解》，《無求備齋莊子集成續編》，第三十六冊，臺北：藝文印書館，1974。

31. 〔清〕朱桂曜，《莊子內篇證補》，《無求備齋莊子集成初編》，第二十六冊，臺北：藝文印書館，1972。

32. 〔清〕周金然，《南華經傳釋》，臺北：新文豐出版公司，1987。

33. 〔清〕林雲銘，《莊子因》，張京華點校，上海：華東師範大學，2011。

34. 〔清〕林紓，《莊子淺說》，《無求備齋莊子集成初編》，第二十七冊，臺北：藝文印書館，1972。

35. 〔清〕宣穎，《南華經解》，曹礎基校點，廣州：廣東人民出版社，2008。

36. 〔清〕武延緒，《莊子札記》，《無求備齋莊子集成續編》，第四十冊，臺北：藝文印書館，1974。

37. 〔清〕俞樾，《莊子平議》，於《諸子平議》，北京：中華書局，1954。

38. 〔清〕馬其昶，《莊子故言》，馬茂元編次，合肥：黃山書社，2014。

39. 〔清〕馬敘倫，《莊子研究論集·莊子天下篇述義》，臺北：木鐸出版社，1982。

40. 〔清〕馬敘倫：《莊子義證·附錄——莊子年表》，臺北：弘道文化，1970。

41. 〔清〕奚侗，《莊子補注》，《無求備齋莊子集成續編》，第四十冊，臺北：藝文印書館，1974。

42. 〔清〕孫毓修，《南華真經·莊子札記》，於《四部叢刊初篇書錄（子）》，上海：商務印書館，1922。

43. 〔清〕曹受坤，《莊子內篇解說》，《無求備齋莊子集成初編》，第三十冊，臺北：藝文印書館，1972。

44. 〔清〕胡文英，《莊子獨見》，李花蕾點校，上海：華東師範大學出版社，2011。

45. 〔清〕梁啟超，《《莊子·天下篇》釋義》，於《梁啟超全集·第十六卷要籍解題及其讀法》，北京：北京出版社，1999。

46. 〔清〕章炳麟，《莊子解故》，《無求備齋莊子集成續編》，第四十冊，臺北：藝文印書館，1974。

47. 〔清〕阮毓崧，《莊子集註》，臺北：廣文書局，1972。

48. 〔清〕楊文會，《南華經發隱》，《無求備齋莊子集成初編》，第二十三冊，臺北：藝文印書館，1972。

49. 〔清〕郭慶藩，《莊子集釋》，王孝魚點校，北京：中華書局，1972。

50. 〔清〕潘慶基，《南華經集註》，《無求備齋莊子集成初編》，第十二冊，臺北：藝文印書館，1972。

51. 〔清〕劉鳳苞，《南華雪心編》，方勇點校，北京：中華書局，2013。

52. 〔清〕劉文典，《莊子補正》，趙鋒、諸偉奇點校，北京：中華書局，2015。

53. 〔清〕劉師培，《莊子斠補》，於《劉申叔遺書》南京：鳳凰出版社，1997。

54. 〔清〕劉武，《莊子集解內篇補正》，《無求備齋莊子集成續編》，第四十二冊，臺北：藝文印書館，1974。

55. 〔清〕陳柱，《闡莊》，《無求備齋莊子集成續編》，第四十一冊，臺北：藝文印書館，1974。

56. 〔清〕陸樹芝，《莊子雪》，張京華點校，上海：華東師範大學出版社，2011。

二，多瑪斯原典著作（依出版年度排列）

1. 聖多瑪斯·阿奎那（St. Thomas Aquinas），《聖多默的神學》，謝扶雅編譯，香港：香港基督教文藝出版社，1988 再版。

2. 聖多瑪斯·阿奎那（St. Thomas Aquinas），《亞里斯多德形上學註》，孫振青譯，臺北：明文書局，1991。

3. 聖多瑪斯·阿奎那（St. Thomas Aquinas），《多瑪斯論生成和變動》劉仲容譯注，新北：輔仁大學出版社，1994。

4. 聖多瑪斯·阿奎那（St. Thomas Aquinas），《阿奎那政治著作選》，馬清槐譯，北京：商務印書館，1997。

5. 聖多瑪斯·阿奎那（St. Thomas Aquinas），《上帝沒有激情：多馬斯·阿奎那論宗教與人生》，劉清平編譯，湖北：湖北人民出版社，2001。

6. 聖多瑪斯·阿奎那（St.Thomas Aquinas）原著：《神學大全》，周克勤總

編輯，劉俊餘、陳家華、高旭東、周克勤、胡安德、王守身等譯，臺南：碧岳學社；高雄：中華道明會（聯合出版），2008。

7. 聖多瑪斯・阿奎那（St.Thomas Aquinas），《論真原》，呂穆迪譯述，高凌霞審校，臺北：臺灣商務印書館，2010。

8. 聖多瑪斯・阿奎那（St.Thomas Aquinas），《論萬物》，呂穆迪譯述，高凌霞審校，臺北：臺灣商務印書館，2010。

9. 聖多瑪斯・阿奎納（St.Thomas Aquinas），《論萬事》呂穆迪譯述，高凌霞審校，臺北：臺灣商務印書館，2010。

10. 聖多瑪斯・阿奎那（St.Thomas Aquinas），《論奧理》，呂穆迪譯述，高凌霞審校，臺北：臺灣商務印書館，2010。

11. 聖多瑪斯・阿奎那（St.Thomas Aquinas），《宇宙間的靈智實體問題》，呂穆迪譯述，高凌霞審校，臺北：臺灣商務印書館，2010。

三、專書（依作者姓氏筆劃排列）

1. 丁福寧，《多瑪斯形上學》，臺北：臺灣商務，2007。

2. 王弼，《老子道德經注校釋》，樓宇烈校釋，北京：中華書局，2008。

3. 王冰，《黃帝內經素問》，新北：旋風出版社，1974。

4. 王先謙，《韓非子集解》，北京：中華書局，1993。

5. 王叔岷，《莊學管窺》，北京：中華書局，2007。

6. 王叔岷，《莊子校詮》，臺北：中央研究院歷史語言研究所專刊之八十六，1988。

7. 王孝魚，《莊子內篇新解》，北京，中華書局，2014。

8. 王臣瑞，《倫理學（理論與實踐)》，臺北：臺灣學生書局，1980。

9. 王邦雄，《莊子內七篇・外秋水・雜天下的現代解讀》，臺北，遠流出版事業，2013。

10. 王德有，《以道觀之：莊子哲學的視角》，北京：人民出版社，1998年。

11. 王志楣，《莊子生命情調的哲學詮釋》，臺北：里仁書局，2008年。

12. 王凱，《逍遙遊——莊子美學的現代闡釋》，湖北：武漢大學出版社，2003年。

13. 王博，《莊子哲學》，北京：北京大學出版社，2004年。

14. 王博,《無奈與逍遙——莊子的心靈世界》,北京:華夏出版社,2007 年。

15. 王濤,《托馬斯·阿奎那倫理學研究》,北京:人民出版社,2019 年。

16. 方勇,《莊子學史(第三冊)·第七編民國莊子學》,北京:人民出版社,2008。

17. 方勇,《子藏·道家部·莊子卷》117 冊,北京:國家圖書館出版社,2011。

18. 方光,《莊子天下篇釋》,上海:泰東圖書局,1924。

19. 白虹,《阿奎那人學思想研究》,北京:人民出版社,2010。

20. 加達默爾(Hans-Georg Gadamer),《真理與方法——哲學詮釋的基本特徵》,洪漢鼎譯,上海:上海譯文出版社,1999。

21. 史密斯(Arthur Henderson Smith),《中國人的德行》,朱建國譯,南京:譯林出版社,2017。

22. 休謨(David Hume),《道德原理探究》,王淑芹譯、陳光金譯校、北京:中國社會科學出版社,1999。

23. 包利民,《生命與邏各斯——希臘倫理思想史論》,北京:東方出版社,1996。

24. 池田知久,《《莊子》——「道」的思想及其演變》,黃華珍譯,臺北:國立編譯館,2001。

25. 卡西爾(Ernst Cassirer),《人論》,甘陽譯,上海:上海譯文出版社,2004。

26. 卡斯培(Walter Kasper),《現代語境中的上帝觀念——耶穌基督的上帝》,羅選民譯,上海:華東師範大學出版社,2011。

27. 布魯格編著,《西洋哲學辭典》,項退結編譯,臺北:華香園出版社,2004。

28. 安樂哲(Roger T. Ames)、郝大維(David Hall),《道不遠人——比較哲學視域中的《老子》》,何金俐譯,北京:學苑出版社,2004。

29. 吉爾松(Étienne Gilson),《中世紀哲學精神》,沈清松譯,臺北:國立編譯館,2001。

30. 任繼愈,《中國哲學發展史(先秦)》,北京:人民出版社,1983。

31. 任大援、劉豐,《孟子譯注》,臺北:國家出版社,2004。

32 吳怡,《新譯莊子內篇解義》,臺北:三民書區,2004。

33. 牟宗三,《才性與玄理》,臺北,臺灣學生書局,1989。

34. 李善,《文選》,臺北:華正書局,2000。

35. 李錦全、曹智頻，《莊子中國文化》，貴州：貴州人民出版社，2000。

36. 李震，《人與上帝》，新北：輔仁大學出版社，2003。

37. 李杜，《中西哲學思想中的天道與上帝》，臺北：聯經出版社，1978。

38. 李大華，《莊子與自由：莊子哲學研究》，北京：商務印書館，2013年。

38. 李大華，《莊子的智慧》，北京：北京大學出版社，2019年。

40. 利奇蒙德（James Richmond），《神學與形而上學》，朱代強譯，成都：四川人民出版社，1997。

41. 河上公，《老子道德經河上公章句》，王卡點校，北京：中華書局，1993。

42. 周克勤：《道德觀要義》，臺北：台灣商務印書館，1970。

43. 周江，《有序與渾沌：美的光輝——柏拉圖與莊子美學思想比較研究》，北京：知識產權出版社，2014。

44. 周紹賢，《莊子要義》，臺北：臺灣中華書局，2015。

45. 沈清松，《物理之後：形上學的發展》，臺北：牛頓出版社，1991。

46. 亞里斯多德，《亞里斯多德全集·物理學》，苗力田主編、徐開來譯，北京：中國人民大學出版社，1990。

47. 亞里斯多德，《亞里斯多德全集·形而上學》，苗力田主編、苗力田譯，北京：中國人民大學出版社，1990。

48. 亞里斯多德，《亞里斯多德全集·論靈魂》，苗力田主編，秦典華譯，北京：中國人民大學出版社，1990。

49. 亞里斯多德，《亞里斯多德全集·範疇論》，苗力田主編，秦典華譯，北京：中國人民大學出版社，1990。

50. 亞里斯多德，《尼各馬科倫理學》，高思謙譯，臺北：臺灣商務印書館，2006。

51. 亞里斯多德，《尼各馬可倫理學》，廖申白譯注，北京：商務印書館，2003。

52. 林安梧，《人文學方法論：詮釋的存有學探源》，新北：讀冊文化，2003。

53. 林火旺，《倫理學》，臺北：五南圖書出版公司，1999。

54. 肯尼（Anthony Kenny），《神學巨匠多瑪斯·阿奎納》，顧毓民譯，新北：時報文化，1984。

55. 叔本華（Arthur Schopenhauer），《倫理學的兩個基本問題》，任立、孟慶時譯，北京：商務印書館，2019。

56. 單晏一，《莊子天下篇薈釋》，新北：空庭書苑有限公司，2007。

57. 胡適，《中國哲學史大綱》，北京：北京燕山出版社，2018。

58. 俞世傳、白燕，《規範·德性·德行——動態倫理道德體系的實踐性研究》，北京：商務印書館，2009。

59. 柯普斯登（Frederick Copleston），《西洋哲學史·卷一》〈希臘與羅馬〉，傅佩榮譯，臺北：黎明文化事業股份有限公司，2004。

60. 柯普斯登（Frederick Copleston），《西洋哲學史·卷二》〈中世紀哲學〉，莊雅棠譯，傅佩榮校訂，臺北：黎明文化事業股份有限公司，2004。

61. 柯布登（F.C. Copleston），《多瑪斯思想簡介》，胡安德譯，臺南：碧岳學社文化事業，2014。

62. 南希（Jean-Luc Nancy）著，《解構的共同體》，夏可君等譯，上海：上海人民出版社，2007 年）。

63. 洛克（John Locke），《基督教的合理性》（The Reasonableness of Christianity），王愛菊譯，武漢：武漢大學出版社，2006。

64. 宮高德，《神學大全導讀手冊》，臺南：碧岳學社；高雄：中華道明會（聯合出版），2008。

65. 洪漢鼎，《當代哲學詮釋學導論》，臺北：五南圖書出版有限公司，2008。

66. 洪漢鼎，《理解與解釋——詮釋學經典文選·編者引言：何謂詮釋學？》，洪漢鼎主編，北京：東方出版社，2001。

67. 柏拉圖，《柏拉圖全集·卷二·國家篇第六卷》，王曉朝譯，新北：左岸文化出版，2003。

68. 徐復觀，《中國人性論史·先秦篇》，臺北，臺灣商務，1969。

69. 徐復觀，《中國藝術精神》，臺北：臺灣學生書局，1966。

70. 唐君毅，《中國哲學原論·原道篇卷一》，臺北：臺灣學生書局，1978。

71. 馬雷（A. Malet），《聖多瑪斯論三位一體》，李貴良譯，臺北：華明書局，1961。

72. 馬里旦（Jacques Maritain），《西洋道德哲學》，李增譯，臺北：國立編譯館主編，明文書局，1992。

73. 高柏園，《莊子內七篇思想研究》，臺北：文津出版社，1992。

74. 柴熙，《認識論》，臺北：臺灣商務印書館，1991。

75. 孫振青，《亞里斯多德的倫理學》，臺北：臺灣書局，1996。

76. 泰勒（A.E.泰勒），《柏拉圖——生平及其著作》，謝隨知、苗力田、徐鵬譯，濟南：山東人民出版社，1996。

77. 崔大華，《莊子歧解》，北京：中華書局，2012。

78. 張繼禹主編，《中華道藏》，北京：華夏出版社，2004。

79. 張耿光，《莊子‧雜篇》，臺北：台灣書房出版有限公司，2009。

80. 張春申，《多瑪斯論文集》〈多瑪斯的自然神學〉，曾仰如主編，新北：先知出版社，1975。

81. 張成秋，《莊子篇目考》，臺北：中華書局，2015。

82. 畢來德（Jean François Billeter），《莊子四講》，宋剛譯，北京：中華書局，2009。

83. 黃慶明，《倫理學講義》，臺北：洪葉文化，2000。

84. 章太炎，《章太炎全集》（六），上海：上海人民出版社，1982。

85. 焦循，《孟子正義》，沈文卓點校，北京：中華書局，1987。

86. 勞思光，《新編中國哲學史（一）》，臺北：三民書局，2005。

87. 勞思光，《新編中國哲學史（二）》，臺北：三民書局，2007。

88. 項退結，《海德格》，臺北：東大圖書公司，1990。

89. 項退結，《中國哲學之路》，臺北：東大圖書公司，1991。

90. 項退結，《七十浮跡：生活體驗與思考》，臺北：三民書局，1994。

91. 程樹德，《論語集釋》，北京：中華書局，1990。

92. 傅佩榮，《莊子解讀》，新北：立緒文化事業有限公司，2012。

93. 傅樂安，《托瑪斯‧阿奎那基督教哲學》，上海人民出版社，1990。

94. 許嘉璐主編，《二十四史全譯‧史記‧老子韓非列傳》，安平秋分史主編，上海：漢語大詞典出版社，2004。

95. 許嘉璐主編，《二十四史全譯‧漢書‧藝文志‧諸子略》，安平秋、張傳璽分史主編，上海：漢語大詞典出版社，2004。

96. 許嘉璐主編，《二十四史全譯‧三國志‧曹爽傳附何晏傳》，許嘉璐分史主編，上海：漢語大詞典出版社，2004。

97. 許嘉璐主編，《二十四史全譯‧晉書‧列傳第二十‧庾敳郭象庾純》，許嘉璐分史主編，上海：漢語大詞典出版社，2004。

98. 許嘉璐主編，《二十四史全譯・新唐書・藝文志（三）》，曾棗莊分史主編，上海：漢語大詞典出版社，2004。

99. 許嘉璐主編，《二十四史全譯・宋史・藝文志（四）》，倪其心分史主編，上海：漢語大詞典出版社，2004。

100. 許嘉璐主編，《二十四史全譯・明史・藝文志（三）》，章培恒、喻遂生分史主編，上海：漢語大詞典出版社，2004。

101. 馮友蘭，《中國哲學簡史》，涂又光譯，北京：北京大學出版社，2013。

102. 曾仰如，《多瑪斯論文集》〈多瑪斯對學術的卓越成就〉，曾仰如主編，新北：先知出版社，1975。

103. 曾仰如，《多瑪斯論文集》〈多瑪斯的倫理思想〉，曾仰如主編，新北：先知出版社，1975。

104. 曾仰如，《形上學》增訂本，臺北：臺灣商務印書館，1985。

105. 曾春海，《中國哲學史綱》，臺北：五南圖書出版股份有限公司，2012。

106. 奧古斯丁（St. Aurelius Augustine），《天主之城》，吳宗文譯，高凌霞審校，臺北：臺灣商務印書館，2014。

107. 湯一介，《郭象與魏晉玄學》（增訂版），北京：北京大學出版社，2000。

108. 滑壽，《難經本義》，新竹：國興出版社，1983。

109. 楊日出，《《莊子・天下篇》研究》，臺北：臺灣商務印書館，2014。

110. 楊儒賓，《莊周風貌》，台北：黎明文化事業公司，1991 年。

111. 楊儒賓，《儒門內的莊子》，臺北：聯經出版社，2016。

112. 楊國榮，《莊子的思想世界》，北京：北京大學出版庄，2006。

113. 莊福齡、樓宇烈、馬紹孟等，《荀子新注》，北京：中華書局，1979。

114. 莊萬壽：《莊子史論》，臺北：萬卷樓圖書有限公司，2000。

115. 葛瑞漢（Angus Charles Graham），《論道者：中國古代哲學論辯》，張海晏譯，北京：中國社會科學出版社，2003。

116. 愛蓮心（Robert E. Allinson），《嚮往心靈轉化的莊子：內篇分析》，周熾成譯，江蘇人民出版社，2004。

117. 趙爾巽等，《清史稿・藝文（三）》，北京：中華書局，1977。

118. 郎擎宵，《莊子學案》，上海：商務印書館，1934。

119. 瞿志宏，《阿奎那自然神學思想研究》，北京：人民出版社，2007。

120. 福永光司，《古代中國存在主義——莊子》，李君奭譯，臺北：專心企業有限公司，1978。

121. 聞一多，《莊子編》，於《聞一多全集》湖北：湖北人民出版社，1993。

122. 葉國慶，《莊子研究》，臺北：臺灣商務印書館，1969。

123. 葉海煙，《道家倫理學：理論與實踐》，臺北：五南圖書出版股份有限公司，2016。

124. 潘小慧，《德行與倫理——多瑪斯的德行倫理學》，臺北：哲學與文化月刊雜誌社，2003。

125. 潘小慧，《四德行論——以多瑪斯哲學與儒家哲學為對比的探究》，臺北：哲學與文化月刊雜誌社，2007。

126. 潘小慧，《多瑪斯倫理學的當代性》，臺北：至潔有限公司，2018。

127. 潘小慧，《臺灣新士林哲學倫理學發展》，臺北：至潔有限公司，2020。

128. 劉榮賢，《莊子外雜篇研究》，臺北：聯經出版社，2004。

129. 劉笑敢，《莊子哲學及其演變》（修訂版），北京：中國人民大學出版社，2010。

130. 劉笑敢，《詮釋與定向——中國哲學研究方法之探究》，北京：商務印書館，2016。

131. 劉俊傑，《東亞儒學視域中的徐復觀及其思想》，臺北：國立臺灣大學出版中心，2009。

132. 劉劍梅，《莊子的現代命運》，北京：商務印書館，2012。

133. 劉書剛，《在物之間：莊子的倫理意識與語言觀念》，北京：北京大學出版社，2020。

134. 鄭世根，《莊子氣化論》，臺北：臺灣學生書局，1993。

135. 蔣錫昌，《莊子哲學》，上海：上海書局，1992。

136. 賴賢宗，《意境美學與詮釋學》，北京：北京大學出版社，2009。

137. 錢基博，《讀莊子天下篇疏記》，臺北：臺灣商務印書館，2006。

138. 霍布斯，（Thomas Hobbes），《法律要義：自然法與民約法》，張書友譯，北京：中國法制出版社，2010。

139. 駱玉明，《長得逍遙自在心》，廈門：海峽出版發行集團，2017。

140. 陸永品，《莊子通釋》，北京：經濟管理出版社，2004。

141. 陳鼓應，《莊子今註今譯》，臺北：臺灣商務印書館，2011。

142. 陳鼓應，《莊子的開放心靈與價值重估——莊子新論》，北京：中華書局，2017。

143. 錢穆，《莊老通辨》，北京：三聯書店，2005。

144. 錢穆，《莊子纂箋》，臺北：東大圖書公司，2011。

145. 錢穆：《惠施卒年考》，於《先秦諸子繫年》，石家莊：河北教育，2002。

146. 陳福濱，《中國哲學史講義》，臺北：至潔有限公司，2014。

147. 謝幼偉，《倫理學大綱》，臺北：正中書局，1941。

148. 賽迪琅琪，（A. -D. Sertillanges），《聖多瑪斯形上學》，李貴良譯，臺北：三民書局，1966。

149. 鍾泰，《莊子發微》，上海：上海古籍出版社，1988。

150. 嚴靈峰，《老子達解》，臺北：華正書局，2008。

151. 嚴靈峰，《無求備齋老列莊三子集成補編》，嚴靈峰編輯，第五十五冊、第五十六冊，臺北：文成出版社，1983。

152. 顏崑陽，《莊子藝術精神析論》，臺北：華正書局，1985。

153. 鄔昆如，《倫理學》，臺北：五南圖書出版公司，1993。

154. 羅光，《中國哲學思想史——先秦篇》，於《羅光全書》冊六，臺北，臺灣學生書局，1982。

155. 羅念生、水建馥，《古希臘語漢語詞典》，北京：商務印書館，2014。

156. 關鋒，《莊子內篇譯解和批判》，北京：中華書局，1961。

157. 關永中，《知識論（一）——古典思潮》，臺北：五南圖書出版公司，2000。

158. 顧實，《莊子天下篇講疏》，臺北：臺灣商務印書館，1976。

159. 龔鵬程、陳廖安主編，《中華續道藏初輯》，臺北：新文豐出版公司，1999。

四、期刊、會議論文（依作者姓氏筆劃排列）

1. 尤煌傑，〈引頸企盼的思維者：關於人的意義的考察〉，《應用心理研究》，第 9 期，2001，頁 87～114。

2. 尤淑如，〈多瑪斯對倫理行為之分析〉，《哲學與文化》，第 30 卷第 8 期，2003 年 8 月，頁 59～78。

3. 王小滕，〈莊子「一」之哲理論析〉，《東華人文學報》，第 14 期，2009 年

1 月，頁 1～37。

4. 王邦雄，〈〈莊子系列（五）〉德充符〉，《鵝湖月刊》，第 18 卷第 10 期，1993 年 1 月，頁 28～37。

5. 王敏光，〈莊子「德」論釋解〉，《倫理學研究》，第 6 期（總第 104 期），2019，頁 21～27。

6. 王躍平，〈試析語義蘊涵的基本特徵〉，《徐州師範大學學報·哲學社會科學版》，第 5 期，2005 年 9 月，頁 42～46。

7. 王鷹，〈基督教的「愛」與老子的「善下」──「三位一體」的哲學建構與《老子》四十二章的「錯簡」〉，《宗教哲學》，季刊第 90 期，2019 年 12 月，頁 159～172。

8. 伍至學，〈吾喪我與天籟〉，《鵝湖月刊》第 35 卷第 1 期（總期 409 期），2009 年 7 月，頁 10～17。

9. 江毓奇，〈「以莊解莊」論在《莊子》詮釋傳統中的反思與承變〉，《輔仁國文學報》，第 47 期，2018 年 10 月，頁 1～50。

10. 牟世晶，〈對柏拉圖善理念的探尋〉，《成都紡織高級專科學校學報》，第 26 卷第 1 期（總第 91 期），2009 年 1 月。頁 15～18

11. 田書峰，〈亞里斯多德論第一推動者與神的關係〉，《哲學與文化》，第 45 卷第 6 期，2018 年 6 月，頁 177～193。

12. 李震，〈多瑪斯哲學中「存在」的意義和重要性〉，《哲學與文化》，第 31 卷第 1 期，2004 年 3 月，頁 17～34。

13. 李德材，〈《莊子·天運篇》「黃帝咸池論樂」哲學義蘊新探──以鍾泰《莊子發微》為核心的詮釋〉，《應用倫理評論》，第 65 期，2018 年 10 月，頁 207～232。

14. 李蕙如，〈試論莊子學說中的「無無」思想〉，《明新學報》，第 35 卷第 1 期，2009，頁 135～143。

15. 吳瑞珠，〈多瑪斯「意志」觀析論──以哲學提綱二十四論題「第二十一條」為例〉，《哲學與文化》，第 30 卷第 88 期，2003 年 8 月，頁 79～93。

16. 吳秉勳，〈從「氣」概念論《左傳》與《國語》之思想史意義〉，《東海大學文學院學報》，第 52 卷，2011 年 7 月，頁 243～264。

17. 吳肇嘉，〈論莊子外王思想中的「道」、「命」關係〉，《政大中文學報》，

第 18 期，2012 年 12 月，頁 138～168。

18. 吳肇嘉，〈〈人間世〉的自處處人之道〉，《北市大語文學報》，第 11 期，2013 年 12 月，頁 47～64。

19. 吳玠瑾，〈《莊子》揭示於『德』的人文規劃〉，《華岡哲學學報》，第 4 期，2012 年 6 月，頁 85～108。

20. 岑溢成，〈孟子告子篇之「情」與「才」論釋（下）〉，《鵝湖月刊》，第 59 期，1980，頁 7～13。

31. 何儒育，〈論《莊子·德充符》之創傷療癒〉，《清華學報》，第 46 卷第 1 期，2016 年 3 月，頁 1～40。

22. 何佳瑞，〈存有者之美與萬物之美：多瑪斯哲學與莊子哲學之比較與會通〉，《哲學與文化》，第 38 卷第 4 期，2011 年 4 月，頁 119～138。

23. 沈清松，〈莊子的人觀〉，《哲學與文化》，第 28 卷第 6 期，1987，頁 13～23。

24. 沈清松，〈多瑪斯自然法與老子天道的比較與會通〉，《哲學與文化》，第 38 卷第 4 期，2011 年 4 月，頁 85～105。

25. 林明照，〈《莊子》「兩行」的思維模式及倫理意涵〉，《文與哲》，第 28 期，2016 年 6 月，頁 269～292。

26. 宮高德，〈書評：多瑪斯·阿奎那《神學大全》（中文版）〉，《哲學與文化》，第 35 卷第 4 期，2008，頁 153～156。

27. 宮高德，〈四樞德的宗教信仰意涵〉，《哲學與文化》，第 36 卷第 3 期，2009 年 3 月，頁 81～100。

28. 侯艷芳，〈宗教之天與老莊之天〉，《西北農林科技大學學報（社會科學版）》，第 8 卷第 6 期，2008 年 11 月，頁 95～98。

29. 高思謙，〈聖多瑪斯對哲學的貢獻〉，《哲學論集》，第 4 期，1974，頁 11～44。

30. 徐學庸，〈古希臘倫理思想的特色——評包利民《生命與邏各斯——希臘倫理思想史論》一書〉，《華梵人文學報》，第 3 期，2004 年 6 月，頁 227～248。

31. 徐陶，〈論探究概念在杜威哲學中的重要地位〉，《學術探索》，第 1 期，2009 年 2 月，頁 9～13。

32. 唐代興，〈倫理學踐行哲學的基本路向〉，《陰山學刊》，第 29 卷第 1 期，2016 年 2 月，頁 5～15。

33. 馬耘，〈莊子哲學「天」、「造物者」觀念辨析〉，《哲學與文化》，第 39 卷第 9 期，2009 年 9 月。頁 79～96

34. 張傳，〈亞里斯多德倫理學與現代德性倫理學的建構〉，《社會科學》，第 7 期，2009，頁 115～119。

35. 張傳有，〈托馬斯：德性倫理學向規範倫理學轉化的中介〉，《華中科技大學學報‧社會科學版》，第 5 期，2005，頁 18～23。

36. 張淼，〈彰顯生命的本真——對莊子「吾喪我」生命哲學的解讀〉，《中國礦業大學學報‧社會科學版》第 1 期，2010 年 3 月，頁 22～27。

37. 張遠山，〈《德符充》奧義——因循內德的莊學「葆德」論〉，《社會科學論壇》，2007 年 7 月（上），頁 5～33。

38. 張榮、李喜英，〈托馬斯論實踐理性的超驗原理——兼論中世紀哲學的合法性限度〉，《世界宗教研究》，第 3 期，2014，頁 109～117。

39. 曾仰如，〈自立體與依附體之研究（上）〉，《哲學與文化》，第 17 卷第 10 期，1990 年 10 月，頁 866～876。

40. 曾仰如，〈自立體與依附體之研究（下）〉，《哲學與文化》，第 17 卷第 11 期，1990 年 11 月，頁 968～980。

41. 曾慶導，〈聖多瑪斯論基督降生成人救世奧蹟〉，《哲學與文化》，第 36 卷第 3 期，2009，頁 117～127。

42. 覃明德，〈《莊子》論「惡」與「痛苦」〉，《東方人文學誌》，第 7 卷第 4 期，2008 年 12 月，頁 25。

43. 楊儒賓，〈遊之主體〉，《中國文哲研究集刊》，第 4 期，2014 年 9 月，頁 1～39。

44. 楊政達，〈聖多瑪斯論原罪與原始正義〉，《哲學與文化》，第 39 卷第 1 期，2012，頁 41～63。

45. 葛慕蘭（Michael G. Keymolen），〈多瑪斯類比說的發展〉，《哲學論集》，第 7 期，1976 年 6 月，頁 133～154。

46. 愛克斯坦（Hans-Joachim Eckstein）；石素英譯，〈新約史料對耶穌基督復活的見證〉，《臺灣神學論刊》，第 24 期，2002 年 3 月，頁 61～76。

47. 趙明媛,〈《莊子·德充符》析論〉,《勤益學報》,第 13 期,1996 年 2 月, 頁 10～11。

48. 趙琦,〈阿奎那友誼理論的新解讀——以仁愛為根基的友誼模式〉,《復旦 學報(社會科學版)》,第 2 期,2015 年 12 月,頁 77～86。

49. 潘小慧,〈「仁愛」與倫理:以多瑪斯的「仁愛」思想為據〉,《哲學與文 化》,第 22 卷第 6 期,1995 年 6 月,頁 522～531。

50. 潘小慧,〈論友誼(愛)——以亞里斯多德及多瑪斯的思想為據〉,《哲學 與文化》,第 23 卷第 1 期,1996 年 1 月,頁 1191～1200。

51. 潘小慧,〈邁向整全的人:儒家的人觀〉,《應用心理研究》,第 9 期,2001, 頁 115～135。

52. 潘小慧,〈《荀子》中的「智德」思想〉,《哲學與文化》,第 30 卷第 8 期, 2003 年 8 月,頁 95～114。

53. 潘小慧,〈導言:德行倫理學專題〉,《哲學與文化》,第 30 卷第 8 期, 2003 年 8 月,頁 1～4。

54. 潘小慧,〈中西「智德」思想比較研究:以先秦孔、孟、荀儒家與多瑪斯 哲學為據〉,《哲學與文化》,第 30 卷第 8 期,2003 年 8 月,頁 115～ 137。

55. 潘小慧,〈多瑪斯論習慣之本性〉,《哲學與文化》,第 33 卷第 7 期,2006 年 7 月,頁 103～117。

56. 潘小慧,〈多瑪斯論「勇德」之意義與價值〉,《哲學與文化》,第 31 卷第 9 期,2004 年 9 月,頁 150～170。

57. 潘小慧,〈多瑪斯的幸福觀作為輔仁學派的人生最終目的的芻議〉,《哲學 與文化》,第 32 卷第 1 期,2005 年 1 月,頁 79～95。

58. 潘小慧,〈輔仁學派的天理／自然道德律——以儒家的天理與多瑪斯的 自然道德律思想為主的探究〉,《哲學與文化》,第 33 卷第 3 期,2006, 頁 5～20。

59. 潘小慧,〈德行倫理學中的人文主義精神——從 Virtue Ethics 的適當譯名 談起〉,《哲學與文化》,第 33 卷第 1 期,2006 年 1 月,頁 17～30。

60. 潘小慧,〈士林哲學的集大成者:聖師多瑪斯及其代表作《神學大全》〉, 《歷史月刊》,第 230 期,2007 年 3 月,頁 122～127。

61. 潘小慧，〈多瑪斯神哲學中作為「上帝肖像」的人之理解〉，《哲學與文化》，第 36 卷第 9 期，2009，頁 23～39。

62. 潘小慧，〈多瑪斯德行倫理學系統建構中的自然法〉，《哲學與文化》，第 38 卷第 4 期，2011，頁 25～43。

63. 潘永達，〈多瑪斯的三位一體神觀〉，《哲學與文化》，第 36 卷第 3 期，2009 年 3 月，頁 3～22。

64. 鄭志明，〈莊子的鬼神觀〉，《鵝湖月刊》，第 233 期，1994 年 11 月，頁 15～27。

65. 鄭維亮，〈《神學大全》：天主聖化人類歷程〉，《哲學與文化》，第 37 卷第 4 期，2010 年 4 月。頁 159～177

66. 黎惟東，〈從「保形存神」詮釋莊子的人生哲學〉，《鵝湖學誌》，第 53 期，2014 年 12 月，頁 1～25。

67. 陳開華，〈論聖多瑪斯「性體──位格合一」基督論〉，《輔仁宗教研究》，第 29 期，2014 年 9 月，頁 71～124。

68. 陳德和，〈論莊子哲學的道心理境〉，《鵝湖月刊》第 27 期，2000 年 6 月，頁 41～72。

69. 嚴北溟，〈從道家思想演變看莊子哲學〉，《社會科學戰線（哲學）》，第 1 期，1981，頁 11～18。

70. 鍾振宇，〈莊子的形氣主體與無用的共通體──由楊儒賓的思考出發〉，《中國文哲研究通訊》《儒門內的莊子》評論專輯，第 27 卷第 1 期，2017 年 3 月，頁 55～69。

71. 簡光明，〈莊學詮疏「回歸原典」的方法及其檢討〉，《屏東教育大學──人文社會類》，第 32 期，2009 年 3 月，頁 1～28。

72. 蕭裕民，〈論《莊子》的「德」字意涵──個別殊異性〉，《高雄師大學報》，第 18 期，2005，頁 149～161。

73. 蕭裕民，〈論《莊子》所論之「物」包含「人」──兼論「形而上」的兩個層次〉，《彰化師大國文學誌》，第 14 期，2007 年 7 月，頁 175～209。

74. 關永中，〈死亡的一剎那──一個超驗法的探索〉，《輔仁大學哲學論集》，第 30 卷，1997 年 6 月，頁 163～244。

75. 羅光，〈聖多瑪斯哲學的特點〉，《哲學論集》，第 4 期，1974，頁 1～10。

76. 羅光，〈論「一」的根基〉，《哲學與文化》，第 18 卷第 7 期，1991 年 7 月，頁 578～583。

77. 羅惠齡，〈論《莊子‧齊物論》中「可行已信」所帶出的生命真宰〉，《衍學集》，第 5 輯，2012 年 7 月，頁 75～87。

78. 羅彥民，〈「以《莊》解《莊》」原論〉，《廣西社會科學》，第 210 期，2012 年 12 月。

79. 龔培，〈孔子「仁」學宇宙論的「人」學解釋〉，《貴州社會科學》，總 242 期，第 2 期，2010 年 2 月，頁 19～23。

80. 王祥齡，〈論荀子禮法之法理思想〉，《第三屆中國文哲之當代詮釋學術研討會論文集》，臺北：臺北大學，2007 年 10 月，頁 227～238。

81. 李懿純，〈發覆道真、釐定老莊──釋性通《南華發覆》解莊立場析論〉，《東亞漢學研究學會第四屆國際學術會議暨首屆新漢學國際學術研討會會議論文》，廈門：廈門大學，2013 年 9 月，頁 63～72。

82. 李懿純，〈沈一貫《莊子通》「以儒解莊」思想探論〉，《東亞漢學研究學會第三屆國際學術會議會議論文》，臺北：真理大學，2012 年 4 月，頁 183～195。

五、學位論文（依作者姓氏筆劃排列）

1. 林修德，《透過冥契主義重構《莊子》體道工夫的研究向度》，東華大學中國語文學系博士論文，2015。

2. 金德三，《《莊子》外雜篇研究》，中國社會科學院研究生院哲學系博士論文，2002。

3. 高深，《《莊子》與《聖經》比較研究》，浙江大學人文學院中國古典文獻學博士論文，2006。

4. 徐姃倩，《郭象《莊子注》的思想體系》，中央大學中國文學研究所博士論文，2010。

5. 許明珠，《莊子倫理學研究》，中央大學中國文學研究所博士論文，2009。

6. 吳肇嘉，《莊子應世思想研究》，中央大學中國文學研究所博士論文，2008。

7. 鄭鈞瑋，《《莊子》知識論研究》，國立臺灣大學文學院哲學系博士論文，2012。

8. 潘小慧，《論人類道德實踐的基本結構──析論先秦儒家與多瑪斯哲

學》，輔仁大學哲學研究所博士論文，1990。

9. 陳靜美，《莊子「氣」概念之研究》，中國文化大學哲學研究所博士論文，2008。

10. 蕭裕民，《遊心於「道」和「世」之間——以「樂」為起點之《莊子》思想研究》，清華大學中國文學系博士論文，2005。

11. 藍啟文，《老子哲學中「德」概念之分析》，華梵大學哲學研究所碩士論文，2014。

六、外文文獻（依作者姓氏排列）

1. Aristotle. Aristotelis *Ethica Nicomachea*. Edited by Ingram Bywater. New York: Cambridge Universtity Press,1890.

2. Aristotle. *The Complete Works of Arestotle*.The Revised Oxford Translation. Vol.2. Edited by Jonatean Barnes. New Jersey: Princeton University Press,1984.2.

3. St. *Thomas Aquinas. Summa Theologica*, Trans. By Fathers of the English Dominican Province, New York: Benziger Brothers, 1946.

4. Hans-Georg Gadamer. *Truth And Method*, Translation revised by Joel Weinsheimer and Donald G. MarshallBy, London; New York: Continuum, 2004.